Inteligencia Emocional

Cómo aumentar su EQ, mejorar sus habilidades sociales, la autoconciencia, las relaciones, el carisma, la autodisciplina, ser empático y aprender PNL

© **Copyright 2019**

Todos los derechos reservados. Ninguna parte de este libro puede reproducirse de ninguna forma sin permiso por escrito del autor. Los revisores pueden citar breves pasajes en las revisiones.

Aviso Legal: ninguna parte de esta publicación puede ser reproducida o transmitida de ninguna forma o por ningún medio, mecánico o electrónico, incluyendo fotocopias o grabaciones, ni por ningún sistema de almacenamiento y recuperación de información, ni transmitida por correo electrónico sin permiso por escrito del editor.

Si bien se han realizado todos los intentos para verificar la información proporcionada en esta publicación, ni el autor ni el editor asumen ninguna responsabilidad por errores, omisiones o interpretaciones contrarias de la materia en este documento.

Este libro es sólo para fines de entretenimiento. Las opiniones expresadas son las del autor solo y no deben tomarse como instrucciones u órdenes de expertos. El lector es responsable de sus propias acciones.

El cumplimiento de todas las leyes y regulaciones aplicables, incluidas las leyes internacionales, federales, estatales y locales que rigen las licencias profesionales, las prácticas comerciales, la publicidad y todos los demás aspectos de hacer negocios en los EE. UU., Canadá, el Reino Unido o cualquier otra jurisdicción, es responsabilidad exclusiva del comprador o del lector.

Ni el autor ni el editor asumen responsabilidad u obligación alguna en nombre del comprador o lector de estos materiales. Cualquier percepción leve de cualquier individuo u organización es puramente involuntario.

Indice

INTRODUCCIÓN 1
CAPÍTULO 1: INTELIGENCIA EMOCIONAL EXPLICADA....................3
   Características de la Inteligencia Emocional 3
      Autocontrol..7
      Empatía..7
      Habilidades Sociales 8
      Motivación 9
   ¿Por qué la Inteligencia emocional es más importante que el IQ? 10
   ¿Cuál es el costo de ser un analfabeto emocional? 12
CAPÍTULO 2: ¿CÓMO AUMENTAR SU INTELIGENCIA EMOCIONAL?
....13
   Consejos, Tácticas y Estrategias del Autoconocimiento 15
   ¿Cómo observar y expresar sus emociones?...19
   ¿Cómo examinar sus pensamientos? 21
   Conflictos internos y técnica de resolución de problemas 22
CAPÍTULO 3: CONSEJO, TÁCTICAS Y ESTRATEGIAS PARA LA AUTOGESTIÓN..24
   ¿Cómo perdonarse a sí mismo y perdonar a los demás? 29
   ¿Cómo liberarse del juicio y de las opiniones de otras personas?........30
CAPÍTULO 4: ¿QUE SON LAS SUBMODALIDADES?................................33

Sus submodalidades críticas son las que marcan la diferencia 35

Comience a superar su estrés 36

Definición de estrés 38

¿Cómo usar las submodalidades para deshacerse del estrés? 39

Estar cerca de personas positivas es bueno para sus submodalidades 41

CAPÍTULO 5: 7 COSAS QUE USTED NECESITA DEJAR DE HACERSE A SÍ MISMO DE INMEDIATO 43

Siete cosas que usted debe dejar de hacerse 44

#1 – Deje de ser critico 44

#2 – Deje de enfocarse en lo negativo 45

#3. Deje de reaccionar 46

#4. Deje de culpar a otros 47

#5. Deje de buscar la gratificación instantánea 48

#6. Enfocarse en las debilidades en lugar de las fortalezas 49

#7 Deje de distraerse constantemente 50

CAPÍTULO 6: CONSEJOS, TÁCTICAS Y ESTRATEGIAS PARA FOMENTAR LAS RELACIONES 52

¿Cómo reformular su Mente? 53

Estrategias para mejorar sus relaciones 54

Manejar las emociones de las otras personas 58

CAPÍTULO 7: ELEVE EL NIVEL DE SUS HABILIDADES SOCIALES .. 61

¿Por qué las habilidades sociales son importantes en la vida cotidiana? 63

¿Cómo mejorar sus habilidades sociales? 64

¿Cómo aumentar su carisma? 67

CAPÍTULO 8: EMPODERAMIENTO EMPÁTICO 71

¿Por qué la empatía es importante? 72

¿Cómo convertirse en empático? 73

¿Cómo ser más autodisciplinado cuando se trata de sus emociones? . 76

- Cinco señales de que es hora de cambiar su mentalidad 77
- Deje que la autodisciplina sea su fuerza motora 78

CAPÍTULO 9: LIDERAZGO E INTELIGENCIA EMOCIONAL 81
- Características de una persona con alto EQ 82
- ¿Cómo usar la inteligencia emocional para liderar eficazmente? 84
- ¿Cómo la inteligencia emocional puede aumentar sus posibilidades de éxito? 86

CAPÍTULO 10: TODO ACERCA DE LA PNL 91
- Entendiendo la PNL 91
- ¿Cuáles son los beneficios de la PNL? 92
- PNL y la Inteligencia Emocional 94
- Usar PNL para construir la Inteligencia Emocional 94
- Ejercicios Prácticos para mejorar su Inteligencia Emocional 96
  - *#1 Disociación* 96
  - *#2 Reestructuración del contenido* 97
  - *#3 Anclaje* 98
  - *#4 Creando una mejor relación* 99
  - *#5 Influencia y Persuasión* 100
- Conclusión 100

CONCLUSIÓN 102

Introducción

¿Qué le viene a la mente cuando escucha la palabra inteligencia? ¿Una imagen de alguien brillante? ¿Las personas que sobresalen en campos como la ciencia, la física, las matemáticas, la robótica y otras materias complicadas que requieren un alto nivel de inteligencia?

Bueno, quizás lo último con lo que usted asocia la palabra *inteligencia,* si lo hace, es la inteligencia emocional.

Según Daniel Goleman, un reconocido psicólogo y experto en el tema, la inteligencia emocional es una forma de inteligencia que a menudo se pasa por alto. De lo que no nos damos cuenta es de que nuestras emociones pueden representar *una forma diferente de pensar,* y pueden ser herramientas valiosas que nos ayudan a guiarnos en las decisiones que tomamos.

Las emociones pueden ser muy poderosas. Si no son controladas, pueden abrumarlo y tener un gran impacto en su vida. Un ejemplo de emociones no controladas, serían aquellas personas que usted ve que sufren afecciones como la ansiedad y la depresión. Estas condiciones se derivan de la incapacidad de manejar esas emociones y, al final, lo abruman y terminan por controlarlo. Hacen que todo parezca imposible, por lo que usted se siente estancado, miserable y, a menudo, como si su situación fuera desesperada.

Ser consciente de sus emociones y, lo que es más importante, de lo que esas emociones significan para usted, es lo que esencialmente abarca la inteligencia emocional. Este libro explorará lo que significa poseer este tipo de inteligencia y por qué es más importante que el IQ en el éxito general de la vida. Tal como lo describe Goleman, usted aprenderá los principios básicos que conforman la inteligencia emocional y cómo aprender a dominar estos principios, lo que transformará su vida para siempre.

Capítulo 1: Inteligencia Emocional Explicada

La inteligencia emocional también se conoce como EQ o Coeficiente Emocional, y se describe como la capacidad de una persona para gestionar y comprender con éxito no solo sus propias emociones, sino también las emociones de las personas que las rodean. Alguien que posee un alto EQ está equipado con la habilidad de responder de manera constructiva a situaciones, sentimientos y personas desafiantes: pueden reconocer estas situaciones por lo que son y saben qué hacer.

Para establecer con éxito relaciones profesionales y personales positivas, necesitará EQ. Para negociar con éxito emociones desafiantes, necesitará EQ. Desarrollar un mejor EQ significa que usted será más consciente de sí mismo y estará mejor preparado para manejar las interacciones, lo cual sucede socialmente. Más importante aún, hace que usted se convierta en una persona mucho más empática en general.

Características de la Inteligencia Emocional

EQ es un activo que se considera valioso y está compuesto esencialmente de cinco componentes principales:

- Su nivel de autoconciencia

- Su habilidad para regularse
- Su empatía
- Sus habilidades sociales
- Su nivel de motivación

Exploraremos estos cinco componentes en breve, pero primero, observemos las características que definen a alguien que es emocionalmente inteligente:

- **Siempre son agradecidos y amables:** Están agradecidos por lo que tienen y siempre hacen todo lo posible por mostrar una actitud optimista y positiva, sin importar las circunstancias que se presenten en su camino. Nunca ven una situación como un escenario medio vacío, y siempre logran ver el lado positivo donde otros no pueden.

- **Son más equilibrados:** Se trata del equilibrio trabajo-vida. Así es como las personas con EQ mantienen su felicidad. Ellos entienden lo importante que es cuidarse a usted mismo, incluso cuando está poniendo su 100% de esfuerzo en algo que está haciendo. Saben que hacer demasiado en poco tiempo podría llevar a que se agoten rápidamente, y siempre hacen las cosas paso a paso.

- **Nunca se retiran ante un desafío:** Cuando otras personas dudan en salir de su zona de confort ante una situación desafiante, las personas con un alto EQ ven los desafíos como una oportunidad de aprendizaje y una oportunidad de mejorar aún más.

- **Son mejores Líderes**: Aquellos que poseen un alto EQ a menudo se encuentran en los puestos de alta dirección, debido a que pueden entender a las personas que los rodean. Una persona que no tenga un alto EQ no podrá manejarse con éxito con las personas con las que trabaja y las situaciones difíciles que pueden surgir con el conflicto. Para ser un líder, debe poseer habilidades sociales y empatía con los que lo rodean, o no tendrá mucho éxito cuando se trata de la resolución de conflictos. Las personas con alto EQ trabajan continuamente para desarrollar su propia conciencia y emociones para que puedan comprender mejor las emociones de los demás e interactuar de manera adecuada, especialmente en los negocios.

- **Autoconocimiento**

Si EQ tuviera pilares que lo sostuvieran, este sería el principal. Esta es la base de donde comienza EQ, entender y ser consciente de sus propias emociones.

Esencialmente, nuestras emociones se pueden dividir en dos categorías. La primera describe la parte psicológica de nuestras emociones, y esto abarca nuestras creencias y actitudes que subyacen en muchas de nuestras emociones. La segunda parte es el aspecto físico, que se refiere a las sensaciones que su cuerpo siente cuando experimenta cierto tipo de emoción. Por ejemplo, cuando está nervioso, lo que sentiría es pánico, dificultad para respirar, ansiedad incluso, o creer que no puede hacer algo o que no es lo suficientemente bueno para ello. Cuando usted está enojado, puede sentir que su corazón late con fuerza y que su presión arterial aumenta. Estos son ejemplos del aspecto físico y cómo nuestras emociones pueden afectarnos de esta manera.

La autoconciencia es el paso más importante hacia la construcción de un mejor EQ en general, porque cuando usted no se da cuenta de que hay un problema, no hará nada para solucionarlo. Cuando usted no se da cuenta de sus propias emociones, no podrá controlarlas, especialmente en las situaciones en las que más lo necesite. Cada vez que experimente una emoción fuerte, lo que debe hacer es dar un paso atrás y evaluar qué es lo que está sintiendo. Pregúntese a sí mismo en qué está pensando. ¿Cómo esa emoción lo hace sentir físicamente? Reflexionar sobre sus propias emociones es el primer paso para desarrollar una mejor comprensión de ellas.

Observe sus emociones objetivamente. Sea honesto acerca de lo que le hizo sentir de esta manera y sobre cómo le hace sentir. Luego, evalúe si esto está influyendo a las otras personas que lo rodean. Las emociones son una cosa volátil y, a veces, si no las evaluamos con precisión, podría ser engañoso y terminamos reaccionando de manera inapropiada. ¿Alguna vez alguien le ha dicho que está exagerando las cosas? La autoconciencia hará que usted cuestione sus sentimientos antes de decidirse por una acción receptiva.

Comience a desarrollar una mejor conciencia de sí mismo haciéndose las siguientes preguntas:

- ¿Qué emoción está sintiendo?
- ¿Esta emoción lo hace sentir bien o mal?
- ¿Cuándo se dio cuenta usted de que se estaba sintiendo de esa manera?
- ¿Desde hace cuánto tiempo se estaba sintiendo de esa manera?
- ¿Qué lo hace sentir de esa manera?
- ¿Existen algunos otros factores que están contribuyendo a que usted se sienta de esa manera?
- ¿Cuál es la mejor manera para responder ante esas emociones?
- ¿Necesita usted responder a esas emociones? ¿O debe esperar a que el sentimiento pase?

Los individuos que pueden establecer la conexión entre ambas partes de su cerebro, el pensamiento y los sentimientos, son los que han logrado con éxito un alto EQ. Tener esta capacidad les permite formar un amortiguador entre sus emociones y la forma en que responden. No actúan impulsivamente todo el tiempo debido a esto. Minimizan los casos en que fueron víctimas de respuestas que ocurrieron en el "calor del momento". Sus emociones no los controlan; ellos controlan sus emociones.

Autocontrol

Una vez que haya desarrollado con éxito la autoconciencia, la autorregulación viene después. Aquí es donde usted empieza a aprender cómo dar mejores respuestas a las situaciones. La forma en que usted reacciona depende del tipo de circunstancias a las que se enfrenta, y podría haber diferentes estrategias en juego para ayudarlo a regular sus emociones. Un ejemplo de algunas de estas estrategias incluiría:

- Busque activamente experiencias positivas para ayudar a equilibrar los momentos negativos: Cuando se sienta deprimido, ¿por qué no ve una comedia? ¿O escucha música que le levante el ánimo?

- Encuentre otras formas de canalizar sus emociones: Por ejemplo, si usted se siente particularmente estresado o tenso, puede elegir canalizar esa emoción a través de medios como pintar, bailar o incluso hacer ejercicio para liberar algo de esa energía acumulada.

- Evite activamente los detonantes que puedan invocar emociones negativas: Esto podría ser ciertos tipos de entornos, personas o situaciones. Evítelos si le producen una emoción negativa.

- Intente de forma activa cambiar sus emociones haciendo exactamente lo contrario de lo que realmente quiere hacer.

Estas son solo algunas de las estrategias que le ayudarán a comenzar a regular mejor sus emociones y a situarse en el buen camino para convertirse en una persona emocionalmente inteligente.

Empatía

Esto se refiere a la capacidad de reconocer las emociones en los demás. ¿Cómo se siente alguien más en una situación? ¿Cómo responden a alguien o algo? Esta es una habilidad que lo llevará lejos, especialmente en lo profesional, porque al igual que la autoconciencia, tener empatía es la clave para ayudarlo a descifrar cómo se siente otra persona. Esto, a su vez, lo ayudará a decidir cómo debe responder y manejar la situación. Le ayudará a determinar el mejor enfoque para usar con los demás.

Tener empatía lo ayudará a anticipar las necesidades de otro porque reconocerá las emociones que los otros están mostrando. La empatía le ayuda a desarrollar la comprensión y mejora sus habilidades sociales. Es la herramienta que usted necesita para ayudarlo a desarrollar buenas habilidades interpersonales y convertirse efectivamente en un agente de cambio. Le ayudará a convertirse en un mejor líder, comunicarse mejor e incluso poder ejercer un poder influyente sobre las personas que necesita manejar. Es la herramienta que le ayudará a construir y cultivar vínculos significativos.

Habilidades Sociales

Tener un alto EQ es vital si usted quiere mejorar sus habilidades sociales. La habilidad social efectiva es la habilidad más importante que usted puede poseer para ayudarlo a sobrevivir tanto en su vida diaria como en su lugar de trabajo. Esta habilidad es la que lo convierte a usted en un buen comunicador. Si usted vive en este mundo, necesitará relacionarse con otras personas que lo rodean. Nadie puede sobrevivir sin que sus necesidades sean satisfechas, y para lograrlo, nos guste o no, requerimos la ayuda de otros individuos.

La base de todas las relaciones humanas depende de lo bien que usted pueda vincularse con otra persona. Si sus habilidades sociales son deficientes, las emociones se salen de control. Surgen discusiones acaloradas, suceden peleas y, a veces, las relaciones se rompen porque la información mal entendida hiere los sentimientos. El éxito no se puede lograr si usted no puede expresarse adecuadamente. Cuando las personas tienen dificultades para entenderlo, ¿cómo podrán llevarse bien con usted? Si desea tener éxito en todo lo que hace en la vida, necesita poder comunicarse de manera efectiva y con confianza.

Las habilidades sociales son importantes en el lugar de trabajo porque es importante mantener relaciones positivas y amistosas con sus compañeros de trabajo. Usted pasará la mayor parte del día trabajando con ellos, y si usted no posee las habilidades sociales adecuadas, puede ser difícil establecer y construir relaciones productivas con las personas con las que trabaja.

Motivación

La motivación es la fuerza motora que lo mantiene en pie incluso frente a los obstáculos. Lo empuja a dar un salto de fe y hacer ese movimiento audaz que no muchos se atreverían a hacer. Es una de las razones por las que usted puede lograr los objetivos que se propuso. Un individuo que posee altos niveles de EQ sabe cómo despertar su motivación cada día. Se despiertan por la mañana con un propósito y una perspectiva positiva. Han entrenado sus mentes para mirar solo el lado bueno, para ver la oportunidad donde muchos solo ven nada más que obstáculos. Mantenerse motivado todos los días es algo en lo que necesita trabajar; no sucede solo. Sin embargo, es un ejercicio necesario si usted quiere convertirse en una persona emocionalmente más inteligente. Encuentre su propósito y manténgase motivado por:

- **Reflexión continua:** No solo sobre su circunstancia actual, sino también sobre su progreso. Es fácil que quede consumido por todo lo que sucede a su alrededor, lo que hace que sea fácil detenerse y recordar los pequeños logros y las pequeñas victorias que obtuvo en el camino. Los desafíos pueden quitarle mucho tiempo, y cuando se olvida, es más fácil darse por vencido. Tómese un tiempo para la reflexión frecuente para mejorar su motivación continuamente. No dude en felicitarse por un trabajo bien hecho.

- **Métase en la historia de otra persona:** Nada alimenta más su fuego que escuchar historias motivadoras de cómo otras personas han alcanzado sus pináculos de éxito. Las historias de verdadero éxito resuenan mejor y tienen un impacto mucho más profundo porque son ciertas. Alguien más lo ha hecho. Alguien más logró superar las probabilidades. Si ellos pueden, usted también puede. Rodéese de estas historias y junto con citas motivacionales e inspiradoras, serán su fuente de inspiración.

- **Sepa lo que quiere:** Usted no puede encontrar la motivación y el impulso que necesita si no sabe lo que quiere. Su motivación viene de que usted pueda responder la pregunta de por qué. ¿Por qué empezó? ¿Por qué usted quiere hacer eso desesperadamente? ¿Cuál es su propósito?

- **Sepa lo que necesita hacer:** Tener motivación solamente, no es suficiente para que usted siga adelante. Usted necesita despertarse con un propósito, saber qué debe hacer cada día para avanzar un paso. Un paso más cerca de sus metas.

- **Enfoque la mente sobre la materia:** Nuestra mente es nuestra herramienta más poderosa. Puede conducirnos a grandes alturas o impedirnos vivir nuestros sueños. Como cualquier otro músculo en el cuerpo, la mente necesita ser ejercitada. La preparación mental es la clave para aumentar sus niveles de motivación. Algunas de las personas más exitosas del mundo comienzan su día cada mañana preparándose mentalmente para el día que les espera. Meditan, usan afirmaciones positivas, recitan sus objetivos o incluso escuchan podcasts motivacionales en sus teléfonos o tabletas. Prepárese mentalmente cada mañana y para dominar el día a su manera.

¿Por qué la Inteligencia emocional es más importante que el IQ?

Trabajar en el desarrollo de su EQ es algo que lo beneficiará a largo plazo. No solo mejora sus habilidades de liderazgo, sino que también mejora su capacidad para negociar, gestionar desacuerdos, colaborar eficazmente e incluso ser un agente de cambio positivo en cualquier entorno en el que se encuentre. Los seres humanos son criaturas sociales, y gran parte de nuestro éxito depende en gran medida de lo bien que podamos interactuar con los demás, aunque no pensemos mucho en ello.

Según Goleman, EQ no es muy diferente de IQ. La calidad que distingue estos dos rasgos es que EQ se centra en lo inteligente que es usted en la forma en que interactúa con sus propias emociones y con otras personas. No se trata solo de interactuar con las personas que le rodean, sino de la manera en que interactúa con ellas lo que lo distingue de alguien con un bajo EQ.

El lugar de trabajo es la mejor situación donde la importancia de EQ sobre IQ es más evidente. El EQ es un rasgo que muchas compañías buscarán en un líder potencial primero, no en el IQ. Esto se debe a que el trabajo principal de un líder, sería liderar a las personas a su alrededor. Necesitan inspirar a otros, lograr que sus equipos trabajen bien juntos de manera cohesiva y unificada, y gestionar los conflictos cuando surjan. Todas estas habilidades requieren que el líder mida las emociones y lea a las personas que las rodean.

Tener un alto EQ es lo que ayuda a los líderes a distinguir e identificar cuáles son las fortalezas y debilidades de un empleado, no el IQ. Tener un alto EQ es lo que permitirá que los líderes se lleven bien con diversos grupos de individuos, no con IQ. Para poseer excelentes habilidades sociales y de comunicación para ayudarlo a sobresalir en los negocios y con los clientes, necesita un alto EQ, no IQ.

Aunque tanto EQ como IQ son rasgos igualmente importantes e idealmente deberían usarse para maximizar sus fortalezas, el EQ es sin duda el rasgo que es mucho más importante para tener éxito tanto en la vida como en el lugar de trabajo. Gran parte del éxito depende de lo bien que maneje los desafíos a los que se enfrenta. A pesar de lo mucho que lo intente, siempre estará fallando si usted no es consciente de sus emociones ni de las emociones de los demás, si no regula la forma en que responde con un alto EQ, sin habilidades sociales efectivas, sin la determinación y la motivación y la empatía.

¿Cuál es el costo de ser un analfabeto emocional?

Ahora que sabemos lo beneficioso que puede ser tener un alto EQ, echemos un vistazo al otro lado de la moneda. ¿Qué consecuencias le trae ser un analfabeto emocional? (cuando no se tiene un EQ alto). Un buen ejemplo sería un momento en que manejó mal una situación y terminó costándole mucho. Se arrepintió de la forma en que lidió con las cosas en ese momento, y si pudiera hacer retroceder el reloj, lo habría hecho mucho mejor. Es más probable que caiga en patrones de comportamiento negativos cuando no tiene un alto EQ que guíe el camino. Piense en cuál sería el efecto si usted reaccionara de manera negativa y deficiente en casi todas las situaciones a las que se enfrenta. Las cosas solo empeorarán para usted y se sentirá más frustrado y pesimista con su vida porque parece que nada va bien.

A veces se pueden ver los efectos del analfabetismo emocional en algunas personas. Se vuelven retirados, antisociales, tienen numerosos problemas sociales, se vuelven problemáticos y más. Algunos incluso tratan la depresión y la ansiedad porque no saben cómo manejar sus emociones.

En resumen, el analfabetismo emocional afectará su bienestar general. Le resultará muy difícil lograr la felicidad que desea, por lo que es importante comenzar a trabajar para desarrollar un mejor EQ ahora.

Capítulo 2: ¿Cómo aumentar su Inteligencia Emocional?

Trabajar para mejorar su inteligencia emocional es una de las mejores cosas que usted hará por sí mismo. Los beneficios que aporta abarcan muchas facetas de su vida y no se dará cuenta de cuánta diferencia marca la EQ hasta que realmente haga algo para mejorarlo. Desde interactuar con otras personas hasta mantenerse saludable física y mentalmente. Estos son algunos de los beneficios de tener una alta inteligencia emocional:

- **Mejora sus relaciones con las personas:** Las relaciones son de lo que trata la vida. Tenemos una relación con nuestras familias, amigos, colegas, parejas, cónyuges y otras personas que conocemos mientras viajamos por la vida. Algunas relaciones significan todo para nosotros y, obviamente, queremos hacer todo lo posible para mantener una relación saludable. Una vez que se ha dañado una relación, a menudo puede ser difícil reconstruirla y, a veces, no puede arreglarse en absoluto. Esta es la razón por la cual la EQ importa. Le proporciona el conocimiento, las herramientas y las habilidades que necesita para promover y fomentar estas relaciones y para mantenerlas sanas y siempre prosperando. La EQ le ayudará a relacionarse con las personas más cercanas a usted y con las personas que le rodean a través de la autoconciencia y la empatía. Le ayudará a comprender cómo debe reaccionar y responder a las situaciones de la mejor manera posible. Le ayudará a formar vínculos más profundos y significativos porque puede comprender lo que sienten las personas que lo rodean y ver las cosas desde su perspectiva.

- **Lo conduce al éxito:** La motivación es uno de los conceptos centrales de la inteligencia emocional, y este es el factor que lo llevará hacia el éxito. Cuando usted tiene un alto EQ, su motivación se vuelve mucho más fuerte y más centrada en las cosas que necesita hacer. Esto se debe a que sus emociones ya no lo desvían ni lo apartan del camino, ya que sabe cómo manejarlas cuando le da la gana. Usted nunca verá a un líder eficaz en ningún entorno lanzando una rabieta, gritando y gritando y simplemente manejando situaciones con una conducta muy pobre. Si lo hiciera, ya no se encontraría en una posición de liderazgo. Con un alto EQ, usted tendrá la confianza, la determinación y la capacidad de seguir perseverando, a pesar de los obstáculos y esto es lo que se necesita para tener éxito en la vida.

- **Se convertirá en un mejor líder**: Más adelante en este libro, exploraremos el liderazgo y la EQ y veremos qué diferencia puede marcar la EQ. Si usted aspira a convertirse en un líder algún día a medida que progresa en su carrera, aquí es donde la EQ lo ayudará a brillar. Aquellos con alto EQ son mejores líderes no porque sean mucho mejores que usted, sino porque pueden entender a las personas mucho mejor. Saben cómo evaluar las fortalezas y debilidades del equipo con el que trabajan, forjar vínculos más fuertes, identifican cómo regular las emociones del equipo y sacan lo mejor de todos. Se enfocan en las fortalezas de su equipo e inspiran a otros bajo su liderazgo.

- **Optimiza su salud física:** Mantenerse en forma y saludable no solo se trata de perder peso (a pesar de que esa es la razón por la que muchas personas lo hacen). Se trata convertir su salud en una prioridad y darse cuenta de que su salud es uno de sus productos más valiosos. A menudo no nos detenemos a apreciar y estar agradecidos por nuestra buena salud hasta que nos enfermamos y nos damos cuenta de lo mucho que damos nuestra salud por sentado. La relación que existe entre la salud física y la EQ tiene que ver con el manejo de sus niveles de estrés. El estrés puede tener serios impactos en nuestros cuerpos, afectando nuestro bienestar emocional y también nuestro ser físico. Sin un alto EQ, tendría dificultades para controlar sus niveles de estrés, y en consecuencia se volverá difícil llevar una vida sana y equilibrada.

- **Optimiza su salud mental:** El EQ puede hacer maravillas para ayudarlo a minimizar sus niveles de estrés y ansiedad. Si usted tiene un mejor control de sus emociones, sabrá cómo manejar sus estados de ánimo de manera adecuada. Aprender a autorregularse es una habilidad crítica, ya que puede significar la diferencia entre manejarse bien a pesar de los desafíos o sentirse abrumado y hundirse en la depresión. El EQ le brinda una perspectiva más positiva de la vida y, con la autorregulación, es más fácil ver el lado positivo en cualquier situación. Más importante aún, es más fácil para usted controlar y administrar la forma en que responde a las situaciones. Antes, es posible que haya gritado a una persona porque sus emociones lo superaron, con un alto EQ puede respirar profundamente y sugerir que las cosas se discutan con calma y racionalidad.

Consejos, Tácticas y Estrategias del Autoconocimiento

Conciencia de sí mismo. Esa sola palabra lo dice todo. Al sintonizar sus emociones usted comenzará a enfocarse de nuevo en lo que importa. Cuando sus emociones lo controlan, es fácil sentirse abrumado todo el tiempo, perder la concentración y perder el contacto consigo mismo. Usted se enfoca en todas las cosas equivocadas cuando no es consciente de sí mismo, y a menudo termina eligiendo ignorar el problema en lugar de pensar en maneras de solucionarlo, porque sus emociones superan lo mejor de usted y se "siente" como si no pudiera "hacerle frente".

¿Y si usted reprime sus emociones? Bueno, eso solo va a empeorar las cosas. Ese no es el enfoque correcto. Usted puede pensar que está funcionando, pero no funcionará a largo plazo porque cuanto más que elija suprimir todo lo que está sintiendo, es más probable que pierda el control cuando todo vuelva a estallar.

La autoconciencia significa que usted debe comenzar a agudizar sus sentidos y sintonizarse con el tipo de personalidad que tiene. Es hora de sentarse y pensar bien acerca de sus fortalezas, debilidades, lo que lo motiva, lo que son sus sistemas de creencias, lo que lo influye y más. Especialmente sus emociones. Debe enfrentar sus emociones y no ignorarlas, si eso es lo que ha estado haciendo. Antes de poder esperar que un día empatice y comprenda a las personas que lo rodean, primero usted tendrá que entenderse a sí mismo. Tener conciencia de sí mismo es el mejor enfoque para comenzar a cambiar su forma de pensar y sus emociones. Este es un paso crítico que lo conducirá a hacer los cambios necesarios que lo llevarán a una mejor inteligencia emocional.

Para comenzar a mejorar su autoconciencia, use las siguientes tácticas y estrategias:

- **Adopte la meditación del Mindfulness o conciencia plena:** El Mindfulness es exactamente lo que implica la palabra: enseñarte a ti mismo a ser más consciente. Al practicar el Mindfulness, se espera que usted entrene su mente para concentrarse en sus pensamientos y ser consciente de lo que está sucediendo, lo que está haciendo y, básicamente, hacerlo con un esfuerzo consciente en lugar de ejecutarse en piloto automático. La meditación del Mindfulness es la combinación de la práctica de ser consciente mientras medita, y es eficaz porque lo entrena para que se concentre en los pensamientos que están pasando por su cabeza en ese momento y para que usted piense correctamente en ello. El Mindfulness o atención plena, lo capacitará para ser plenamente consciente de su estado actual, de lo que está haciendo, de lo que siente en este momento y de lo que está pensando exactamente. Lo obliga a hacer un balance de sus pensamientos y a procesarlos de una manera que normalmente no haría si no estuviera prestando tanta atención.

• **Haga una lista de prioridades:** Piense en lo que usted quiere obtener de esto cuando haya terminado. Cuando haga una lista, escriba lo que más le importa sobre cómo trabajar para mejorar sus emociones. ¿Qué pasos de acción tomaría usted cuando un obstáculo lo golpea y arroja sus emociones al caos? Esto va de la mano con establecer metas para usted mismo. Cada objetivo debe ir acompañado de una prioridad sobre lo que quiere lograr con ese objetivo. Esto lo ayudará a mantener el rumbo cuando usted sienta que empieza a perder de vista la razón por la cual usted en primer lugar, está tratando de ser más consciente de sí mismo. Una lista de prioridades le ayudará a recuperar la claridad y el enfoque. ¡Le recuerda que puede hacerlo!

• **La introspección diaria es necesaria:** Es hora de que establezca una nueva rutina, una en la que haga tiempo para que usted lleve a cabo la introspección diaria. La introspección o auto reflexión es un paso importante porque sin ella usted no podrá volverse más consciente de sí mismo. Si usted puede encontrar el tiempo para hacer esto a diario, sería fantástico. Si su agenda está demasiado ocupada, hacer el tiempo para reflexionar varias veces a la semana sería suficiente. Incluso algo tan simple como cinco a diez minutos al día para reflexionar es suficiente para comenzar. Tener un tiempo para la introspección le da una idea más clara de lo bien que ha estado progresando hasta ahora y de lo que necesita mejorar. Le da tiempo para analizar cómo han sido sus emociones durante el día y si las regula de la mejor manera. La mejor manera de abordar esto sería tener un lugar tranquilo para pensar y registrar sus reflexiones en un diario. Le facilitará mirar atrás y reflexionar sobre las sesiones pasadas más adelante cuando las haya escrito.

• **No emplee mucho tiempo en pensar demasiado:** Cuanto más pensamos en las emociones negativas con las que tenemos que lidiar, peor parece volverse. Nuestras mentes tienen una forma de construir cosas y explotarlas desproporcionadamente si nos detenemos en el tema el tiempo suficiente, porque se enreda en nuestra web de emociones. De repente, algo que es factible parece ser lo más imposible del mundo. Preocuparse y pensar demasiado son dos factores que nunca han ayudado a nadie a llegar muy lejos en la vida, y solo sirven para debilitar su resolución y resiliencia si continúa alimentándose de ello. Para mejorar sus habilidades de autorregulación, no lo piense demasiado. Cuando se enfrente a algo desafiante, mire la situación objetivamente y mire los hechos. Si no es un hecho, entonces no lo piense. No adorne, no asuma, y no lo analice en exceso; solo considérelo basado en hechos.

• **Establezca un propósito diario:** Levántese de la cama cada mañana con un propósito. Dígase a sí mismo: *Muy bien, hoy tengo que cumplirlo, hoy permaneceré atento a mis emociones a lo largo del día.* Incluso si la meta o la tarea en cuestión puede ser algo pequeño, entrenarse para despertarse cada día con un propósito y la intención de hacer las cosas es lo que lo ayudará a entrenarse para adquirir el hábito de prestar atención a sus emociones.

¿Cómo observar y expresar sus emociones?

Observar y expresar sus emociones de la manera correcta es la marca de alguien con inteligencia emocional. Pero ¿por qué es tan importante para nosotros desarrollar esta capacidad para ser conscientes de nuestras emociones, para regularlas y expresarlas de manera adecuada? Es porque usted quiere tener el control de sus emociones, en lugar de dejar que sus emociones lo controlen.

Su futuro, su éxito, sus relaciones e incluso su felicidad dependen de lo bien que pueda expresarse. Cada vez que usted responde y reacciona mal ante una situación o persona, puede tener efectos perjudiciales en la relación. Algunas acciones podrían desencadenar consecuencias más desagradables, romper relaciones y poner fin a las amistades. Es hora de que usted sea el que está a cargo, y esto comienza con el aprendizaje de cómo observar y expresar sus emociones, que es el próximo paso en el proceso de autoconciencia.

- **Haga una lista de los detonantes:** La primera etapa para expresar mejor sus emociones, es hacer una lista de los factores detonantes que, en el pasado, han desencadenado sus emociones. Esto se hace a través de la parte de observación del proceso. Escriba la lista de detonantes que puede recordar; puede agregar cosas a la lista más adelante, si es necesario. Luego, escriba junto a cada desencadenante la respuesta emocional que provocó en usted. Después, escriba por qué reaccionó de esa manera. Finalmente, escriba cómo reaccionaría en el futuro si se le presentara una situación similar nuevamente. Esto le ayudará a expresar mejor sus emociones la próxima vez.

- **Identifique cada emoción:** Escriba otra lista de las emociones que experimenta regularmente de forma diaria y semanal. Examine cómo esta emoción le hace sentir y reaccionar. Pregúntese: *¿Por qué me siento así?* ¿Hay algún factor subyacente que cause tal reacción? ¿Cómo cree usted que podría haber respondido mejor y qué haría para manejar mejor esa emoción la próxima vez que la experimente? Reflexionar y desempaquetar cada emoción le da tiempo para ordenar sus sentimientos. Cuanto mejor entienda por qué usted reaccionó como lo hizo, mejor comprenderá por qué esa no fue la mejor decisión.

• **Contrólese usted mismo:** Siempre que usted se encuentre enfocándose demasiado en sus emociones y las cosas comiencen a salirse de control, haga un esfuerzo consciente para detenerse. Respire hondo un par de veces con los ojos cerrados, haciendo un esfuerzo consciente para inhalar y exhalar profundamente. Esto lo ayudará a hacer una pausa, se recordará a sí mismo que debe enfocarse en el presente y le ayudará a expresar mejor sus emociones de la manera acorde a la situación con la que está tratando. Cuando usted se conecta consigo mismo en un nivel más profundo, es la forma de comenzar a establecer la conexión entre sus emociones y reacciones. Esto se estudiará más a fondo en los capítulos que tratan sobre submodalidades y PNL.

• **Mantenga el contacto visual**: Cuando usted está cerca de otras personas o en una conversación con alguien, mantener un buen contacto visual evita que se distraiga con sus propias emociones. Esto le ayudará a regular la forma en que expresa sus emociones cuando se está comunicando con ellas. Mantener un buen contacto visual cuando la otra persona le está hablando, le ayudará a concentrarse mejor en lo que está diciendo y, lo que es más importante, le ayudará a estar en sintonía con los sentimientos de la otra persona mientras le hablan. Le ayudará a expresarse de la manera correcta y demostrará que está comprometido con lo que está sucediendo. Le ayudará a concentrarse y a observar las emociones de la situación actual.

• **Dese un espacio:** Está bien tomarse un tiempo y alejarse de la situación si sus emociones amenazan con salirse de control. A veces, todos necesitamos un poco de espacio para aclarar nuestras cabezas, para poder recuperar nuestros pensamientos y, lo que es más importante, usar ese espacio para calmarse. Tomarse esos pocos momentos de calma, puede marcar la diferencia en el mundo para expresar mejor sus emociones en el futuro.

¿Cómo examinar sus pensamientos?

Si bien es posible que no podamos controlar la vida y muchas cosas que nos suceden, hay una cosa que siempre podemos controlar: los pensamientos y las reacciones. Tener este nivel de control es una ventaja para usted. Significa que, hasta cierto punto, usted tiene un grado de influencia y control. Todo lo que necesita hacer ahora es aprender cómo gestionarlo y hacer que funcione en su beneficio.

- **Cuestione sus pensamientos:** Cuando usted empiece a tener pensamientos que amenazan con hacer que sus emociones pierdan el control, deténgase y pregúntese por qué sucede esto. ¿Cuál es la raíz de este pensamiento, y es justificable permitir una respuesta emocional?

- **No pelee con sus pensamientos:** Cuanto más intente resistirse a algo, peor se vuelve. Acepte sus pensamientos y confírmelos, incluso si son negativos. Diga: *Sí, reconozco que esto está sucediendo en este momento y me está haciendo sentir...* Reconózcalos, pero no se detenga en ello. Esa es la diferencia. Cuanto más rechace sus pensamientos, más difícil será aprender a controlarlos a largo plazo.

- **Practique Meditación**: Esta práctica milenaria ha durado tanto tiempo, debido a lo efectiva que es para abrir su mente, brindándole la claridad mental y el enfoque necesario para ver las cosas desde una perspectiva diferente. Los beneficios de la meditación a menudo se subestiman, pero piense que hay una buena razón por la que ha durado tanto. La meditación le enseña a respirar, a desacelerarse, a controlar sus pensamientos siendo consciente y le ayudará a sentirse tranquilo y calmado, por lo que es menos probable una respuesta demasiado emocional.

- **Paciencia y pequeños pasos:** A todos nos gustaría tirar nuestros pensamientos negativos por la ventana y hacer que se vayan así nada más. Desafortunadamente, no es tan fácil. Aprender a examinar sus pensamientos y controlarlos es un proceso que llevará tiempo, y se esperan contratiempos en el camino. Manejar sus expectativas lo ayudará a minimizar la frustración que siente al trabajar en este paso. Sea paciente y dé pequeños pasos mientras trabaja hacia su objetivo de poder examinar mejor sus pensamientos. Eventualmente, con cada pequeño éxito que logre, su confianza y nivel de control crecerán junto con él.

Conflictos internos y técnica de resolución de problemas

El conflicto interno es la lucha que ocurre dentro de usted. No hay factores externos involucrados aquí, solo lo que está sucediendo dentro de usted. A veces se sentirá como si estuviera luchando contra usted mismo. Esto sucede a menudo cuando no somos capaces de manejar completamente nuestras emociones y cuando enfrentamos más de una emoción abrumadora.

¿Cómo maneja usted los conflictos internos que ocurren para que sus emociones no lo superen? Con las mejores y más efectivas estrategias señaladas a continuación:

- **Hable con las personas en las que pueda confiar:** Hay una gran diferencia cuando usted sabe que tiene una, dos o varias personas con las que puede contar cuando solo necesita hablar y sacar las cosas de dentro. Cuando usted esté luchando por resolver un conflicto interno por su cuenta, hablar de ello es la mejor solución. No tenga miedo de pedir ayuda cuando algo parece demasiado abrumador. Siempre será mucho más manejable enfrentar un desafío cuando se tiene a alguien en quien pueda confiar para que lo ayude.

- **Lleve un diario de sus pensamientos**: A menudo, nuestros conflictos internos, pensamientos y preocupaciones pueden magnificarse, o posiblemente parecer peores, cuando estamos encerrados en nuestras mentes sin una salida de escape. Mantener un diario de sentimientos es útil en este escenario. Escriba todo en su diario siempre que se enfrente a un conflicto interno.

- **Duerma**: Sencillo pero efectivo. Luchar contra los conflictos internos puede hacer que usted se sienta agotado y fatigado. Las emociones le quitan y consumen mucha más energía de la que deberían cuando no se las trata adecuadamente. Cuando estamos fatigados, no podemos enfocarnos ni pensar con la claridad que deberíamos. Asegúrese de tener un descanso adecuado todos los días, para que se despierte cada mañana sintiéndose renovado y recargado. Esto marca una gran diferencia en su perspectiva y proceso de pensamiento, ya que lo mira desde una perspectiva recargada y renovada.

Capítulo 3: Consejo, Tácticas y Estrategias para la Autogestión

Aprender a manejarse a sí mismo es una de las cosas más importantes que usted puede hacer para desarrollar la inteligencia emocional, especialmente si se encuentra en una posición de liderazgo. Usted sabe que el EQ requiere autoconciencia y autorregulación, pero también requiere autogestión. En este capítulo, aprenderá a controlarse a sí mismo y a manejar sus emociones, a concentrarse más y siempre se asegurará de que no importa en qué situación se encuentre, el resultado siempre será aceptable debido a la forma en que lo manejó.

¿Cuál es el primer paso del proceso de autogestión? ¿Es aprender a empoderar emociones positivas?

¿Cómo liberar las emociones negativas y potenciar las emociones positivas?

Usted debe dejar espacio para las emociones positivas en su vida y permitir que estas lo envuelvan. La forma de hacerlo, es despejando y dejando ir las emociones negativas que actualmente ocupan el espacio. Dos emociones fuertes no pueden vivir en el mismo espacio. Una vencerá a la otra, y como la naturaleza humana es virar hacia lo negativo, no debe haber espacio en su vida para las emociones negativas.

El viaje hacia el empoderamiento positivo comienza ahora. Utilice los siguientes consejos todos los días y observe cómo sus emociones se transforman desde adentro:

- **Solo respire:** Esto es todo lo que usted necesita para comenzar. Aprenda a contenerse cada vez que sienta que sus emociones pueden salirse de control. Tomar respiraciones profundas y medidas es una técnica eficaz para liberar el estrés. Aprenderá a hacerlo una vez que comience a meditar. La respiración profunda de manera repetida lo ayudará a relajarse y aflojar la tensión acumulada en sus hombros. Sin embargo, a menudo es subestimada y subutilizada. Usted se sentirá físicamente relajado, pues se concentrará en nada más que el aire que se mueve a través de su cuerpo. Con cada respiración, suelte una emoción negativa. Piense en ello como un globo, y con cada respiración que tome, imagine la emoción flotando y dejando su cuerpo para siempre.

- **Cuente:** Junto con la respiración, usted debe detenerse y contar hasta 5 cada vez que sienta que una emoción lo abrumará. Usted puede contar hasta 5, 10, 15 o incluso 20, cualquier número le calmará y evitará que reaccione impulsivamente. Libere las emociones negativas de su cuerpo con cada cuenta.

- **Encuentre formas para manejar su estrés:** Todos experimentamos estrés. Es cuando usted se siente abrumado cuando tiene que enfrentarse a muchas cosas sin poder hacerlo correctamente, porque usted anteriormente nunca ha hecho un esfuerzo consciente para tratar con esto. Las cosas serán diferentes ahora, ya que usted ha trabajado activamente para mejorar su EQ. Para manejar su estrés, comience por señalar todos los factores desencadenantes que le causan estrés y, a continuación, observe qué puede hacer para cambiar eso. Haga una lista de nuevo, de cualquier cosa que sienta que le está causando estrés y trabaje para eliminar esos factores uno por uno. El estrés es una emoción negativa, y la única forma de deshacerse de ella es abordar el problema desde la raíz.

- **Encuentre otra salida para manejar el estrés**: Salga a caminar, únase a una clase de ejercicios que disfrute, vaya de excursión o en bicicleta, busque otra salida para aliviar el estrés en lugar de dejar que sus emociones hiervan y formen burbujas debajo de la superficie mientras intenta embotellarlas. Las emociones negativas tienen que ir a alguna parte; ¿por qué no realizar múltiples tareas y liberar esas emociones, mientras simultáneamente hace algo que le haga sentir bien y feliz (emociones positivas)? Si usted es propenso a sentirse abrumado emocionalmente porque está estresado, es hora de comenzar a adoptar técnicas de relajación. Mire una comedia, disfrute de sus programas de televisión favoritos, medite o reúnase con un buen amigo para reírse.

- **Pida ayuda si la necesita**: Trabajar para eliminar todas sus emociones negativas puede ser una tarea desafiante y que no todos son capaces de manejar. No es un viaje fácil; si usted necesita ayuda en el camino, no tenga miedo de pedirla. Su compromiso en este momento es hacer lo que sea necesario para empoderarlo, llenar su vida con positividad, y pedir ayuda a veces es una parte necesaria del proceso. Encuentre a alguien con quien se sienta cómodo hablando, alguien en quien confíe lo suficiente como para que le ayude. Alguien que pudiera ofrecer una visión. Otra buena manera de hacerlo es rodearse de personas que irradian energía positiva. El aura de las personas con la que usted se rodea, eventualmente se le contagiará.

- **Recuerde que los malos tiempos no duran para siempre:** Los momentos estresantes y los tiempos tristes vendrán y se irán. Las emociones negativas no duran para siempre, aunque ciertamente pareciera que lo hacen. Cuando usted se encuentre en una crisis emocionalmente negativa, recuerde que la tormenta pasará. Que usted necesita ser fuerte. Con el tiempo, acumulará tolerancia y se volverá más fuerte emocionalmente a medida que supere cada tormenta. Cuanto más fuerte y mejor se vuelva, más se sentirá lleno de emociones positivas, en la medida en que comience a dejar de lado las emociones negativas.

- **Afirmaciones positivas:** Los momentos emocionales pueden ser difíciles y nos drenan emocionalmente y, aunque no duren para siempre, puede ser difícil recordar eso cuando usted los está atravesando. Las afirmaciones positivas pueden ser su mejor amigo en este caso. Para comenzar a llenar su vida con un empoderamiento positivo, elija un par de afirmaciones que lo empoderen y llévese estas afirmaciones con usted a dondequiera que vaya. Siempre que la negatividad comience a apoderarse de lo mejor de usted, saque sus afirmaciones y recítelas una y otra vez hasta que su fuerza de voluntad se sienta lo suficientemente fuerte como para resistirse a esas emociones.

- **Aprenda a vivir el momento:** ¿Usted se aferra al pasado? ¿El hecho de no haber podido lograr algo en el pasado le impidió hacer las cosas ahora porque no puede dejarlo pasar y sus fallos pasados siguen atormentando su mente? Bueno, esto tiene que parar. Por eso es tan difícil dejar de lado las emociones negativas que le pesan. Las personas emocionalmente inteligentes no se aferran al pasado; viven en el ahora. Se centran en lo que hacen hoy para dar forma al futuro que desean. Nunca se aferran al pasado, pero sí aprenden de él y usan esas lecciones a medida que hacen mejoras para el futuro.

- **Sepa cuándo tomar un descanso:** Usted puede ser ambicioso y estar decidido a trabajar duro para mejorar su

EQ, pero no es un robot o una máquina que pueda trabajar continuamente sin descomponerse. Las personas con alto EQ son solo humanos después de todo y como usted, se cansan. Sin embargo, todavía logran hacer las cosas. ¿Cómo lo hicieron? Sabiendo cuándo tomar descansos. Las personas emocionalmente inteligentes saben lo importante que es tomarse descansos ocasionales para recargar y reenfocar sus mentes. Sentirse agotado y fatigado no son emociones que sean positivamente poderosas. Cuidar de sí mismo es la manera en que usted da el paso correcto hacia el empoderamiento positivo.

- **No deje que sus emociones lo distraigan:** ¿Cuántas veces al día se ha detenido durante una tarea porque lo distrajeron sus emociones? ¿Por qué los sentimientos negativos le afectan tanto que le resulta difícil concentrarse en la tarea en cuestión? Las distracciones están en todas partes, pero las personas con alto EQ han dominado el arte de regularlo y no dejar que sus emociones los distraigan. Pueden eliminar completamente las distracciones de su mente cuando hay algo más importante en lo que centrarse. En este caso, el empoderamiento positivo. Elimine todas las causas de tentación cuando necesite abrocharse el cinturón y hacer algo. Centrarse en sus emociones nunca hace ningún bien a nadie, a menos que sean positivas y que lo motiven hacia el éxito.

- **Desarrolle un sistema que funcione para usted:** La razón por la que le resulta difícil dejar de lado las emociones negativas es porque no se ha enganchado a un sistema que funcione para usted. También puede ocurrir que el sistema actual que tiene para regular sus emociones no está funcionando bien. En ese caso, es hora de pensar como una persona emocionalmente inteligente y encontrar un sistema de regulación que funcione. Puede requerir un par de intentos y prácticas antes de encontrar uno que sea el correcto.

¿Cómo perdonarse a sí mismo y perdonar a los demás?

Todos hemos cometido errores. No hay nadie que pueda ir por la vida diciendo que nunca ha cometido un error desde el día en que nació. Primero, usted debe aprender a perdonarse a sí mismo antes de comenzar a perdonar a los demás. Acepte sus imperfecciones porque sabe que siempre se pueden mejorar.

Aferrarse a su pasado y golpearse repetidamente no va a cambiar nada porque eso ya sucedió. Usted solo es humano, y si puede aceptar a otras personas por sus defectos, ciertamente puede comenzar a aceptarse a sí mismo también. Perdonarse a sí mismo es la parte simple del proceso; perdonar a los demás es más difícil de internalizar en su cabeza. Cuando alguien nos ha lastimado, especialmente si el dolor es profundo, puede ser difícil dejarlo ir y dejar que las cosas vuelvan a ser como eran antes. A veces, incluso la idea del incidente que sucedió es suficiente para que todos esos sentimientos de dolor asociados a ese incidente vuelvan a su mente, incluso si es algo que sucedió hace años.

¿Cómo perdonar a los que lo han lastimado en el pasado?

- **Continuando con su vida:** Sabemos que es más fácil decirlo que hacerlo, pero es la única manera de comenzar a aprender a perdonar. Dese cuenta de que aferrarse al pasado solo le está haciendo daño a usted, no a ellos. Usted es el que se verá afectado por ello. Usted es el que se sentirá atormentado por pensar en sus emociones. Recuerde que no importa cuánto piense al respecto, nunca cambiará lo que sucedió. Permanecer pensando en lo sucedido no lo ayudará. Lo mejor para usted es aprender a dejar ir, dejar el pasado donde corresponde y enfocarse en mirar hacia adelante, de la manera en que lo hacen las personas emocionalmente inteligentes.

- **Nunca se acueste enfadado:** Este es un ejercicio que usted debería comenzar a adoptar cada noche a partir de ahora. Convierta en un hábito nunca volver a acostarse con una emoción negativa. Simplemente no vale la pena. Si no hay nada que usted pueda hacer para cambiar la situación, entonces déjelo ir. ¿Por qué torturar más sus emociones por algo que nunca va a cambiar? Es un hábito poco saludable. Antes de irse a la cama todas las noches, haga, mire o lea algo que le levante el ánimo y le ponga feliz. Antes de cerrar los ojos y quedarse dormido, recuerde todas las cosas por las que tiene que estar agradecido.

• **Acepte su responsabilidad:** Cuando se producen confrontaciones y conflictos, se necesitan dos personas para mover el bote. Si bien la otra persona puede haber tenido un papel más importante en la pelea, usted también fue parcialmente responsable en algún nivel. Ser alguien con un alto EQ significa que debe usar la autoconciencia para evaluar la situación de manera objetiva, para poder ver qué errores cometió y cómo podría haberlo controlado mejor. A partir de ahí, acepte la responsabilidad por el papel que desempeñó, y comprenda que ambas personas involucradas tuvieron la culpa hasta cierto punto.

• **Elija ser amable:** ¿Usted siempre quiere tener la razón todo el tiempo? ¿Incluso si eso implica poner en peligro una relación porque tercamente se niega a dejar de lado la necesidad de estar en lo correcto? Esta podría ser una de las razones por las que le resulta difícil perdonar. En lugar de elegir estar en lo correcto todo el tiempo, elija la forma emocionalmente inteligente. Elija ser amable. Ser una persona amable es mucho mejor que ser alguien que tiene "razón" todo el tiempo.

¿Cómo liberarse del juicio y de las opiniones de otras personas?

Las personas emocionalmente inteligentes son más felices y tienen más control porque no solo no permiten que sus emociones las controlen, sino que tampoco permiten que las opiniones y juicios de otras personas los controlen. Preocuparse demasiado por lo que otras personas piensan, es la manera en que sus emociones se salen de control. ¿Alguna vez usted ha estado molesto por lo que alguien más dijo o pensó sobre usted? ¿Ha estado tan obsesionado con lo que dicen o piensan de usted que es la única cosa en la que ha pensado por semanas o meses? Eso es lo que le sucederá si se preocupa demasiado por la opinión de otras personas.

Poseer inteligencia emocional significa que debe tener la suficiente confianza como para no preocuparse tanto por lo que piensen los demás. Usted necesita liberarse de esa cadena que podría retenerlo en una prisión emocional. Pregúntese a sí mismo por qué le importa tanto lo que piensa esa persona. ¿Qué significado tiene en su vida? ¿Le importan lo suficiente como para que esto le afecte tan gravemente? Si no juegan un papel importante en su vida, ¿por qué deja que sus opiniones importen?

Las únicas opiniones de las que debería preocuparse son las suyas y las de las personas más importantes en su vida, como su familia y amigos. Los que realmente se preocupan por usted solo querrán lo mejor para usted. Quieren que usted sea feliz, y harán todo lo posible para brindarle el mayor apoyo posible.

Libérese de este comportamiento restrictivo e insalubre siendo sincero consigo mismo. Trate de ser usted mismo. No trate de ser alguien que no es. Usted es el que tiene que vivir su vida. Usted es el que atraviesa los obstáculos, los desafíos, los triunfos y los éxitos. Usted es el que se levanta cuando se cae, no las personas que están emitiendo un juicio negativo sobre usted. Usted tiene solo una vida para vivir, y no debería desperdiciarla en comentarios que no importan.

Cuando alguien más tiene una opinión negativa de usted, es una reflexión sobre ellos, no sobre usted. No es un ataque personal contra usted, especialmente si no son personas importantes en su vida. Las personas siempre son rápidas para hablar sobre lo negativo, y esta es una trampa en la que no debe caer. Sacúdase, manténgase erguido y aléjese, recordándose a sí mismo que su opinión no importa. Confíe y crea en sí mismo, y sepa lo que vale. Trate las opiniones negativas y el juicio de los demás como si no importaran. Porque no importan. Solo importan si usted deja que importen.

Capítulo 4: ¿Que son las Submodalidades?

¿Usted ha oído hablar de la PNL? A menos que usted ya haya leído bastante sobre inteligencia emocional, el término podría no serle familiar. La programación neuro-lingüística, PNL para abreviar, se refiere al lenguaje de la mente. Neuro es la parte del cerebro de la referencia, mientras que el lenguaje está representado en la palabra lingüística. En pocas palabras, la PNL consiste en aprender el lenguaje de su cerebro (mente). Aquí hay un ejemplo simple para ilustrar la explicación.

Imagínese de vacaciones en un país extranjero, en un territorio desconocido donde nadie habla su idioma. Usted no podría entenderlos, y ellos podrían no entenderlo a usted. ¿Cómo le hace sentir eso? Es frustrante la mayor parte del tiempo porque usted estará luchando constantemente para que lo comprendan.

Esa breve descripción es básicamente la relación que tiene con su mente en este momento, antes de la inteligencia emocional. Si no entendemos cómo funciona nuestra mente, nunca podremos realmente establecer una conexión. Su mente inconsciente es muy poderosa, y cuando usted es capaz de utilizar ese poder para aprovechar su vida y mejorarla, usted no se sabe qué tipo de éxito es capaz de lograr. La PNL le enseña cómo estar en sintonía con su mente y entenderla de una manera que nunca antes lo había hecho. Para ayudarlo a ser más inteligente emocionalmente, discutiremos estas técnicas en el capítulo 10.

Ahora, vamos a ahondar en las submodalidades y lo que significan. Las submodalidades en el contexto de la PNL se refieren a los cinco sentidos que poseemos. Estos sentidos son olfativos, gustativos, visuales, auditivos y kinestésicos. Estos sentidos son responsables del tipo de experiencias que tenemos como parte del ser humano. Cuando usted se siente abrumado por sentimientos de negatividad, son sus submodalidades las que le ayudan a salir de ella.

Algunos ejemplos de submodalidades incluyen los siguientes:

- **Submodalidad de Audio:** Tono, ubicación, suave, fuerte, dirección, rápido, lento.

- **Submodalidad Visual:** Colores, tamaño, ubicación, brillo, asociados o no asociados, cerca, lejos, blanco y negro.

- **Submodalidad Kinestésica:** Forma, tamaño, intensidad, estabilidad, vibración, ubicación.

- **Submodalidades Gustativa y Olfativa:** Desvanecimiento, cambio de intensidad, cambio de duración.

Un ejemplo para ilustrar este punto serían las cosas que usted hace para animarse cuando se siente triste o deprimido. Ver una película divertida, hacer una actividad que le guste, comer su comida favorita, escuchar música alegre en su lista de reproducción favorita. Estas cosas que usted hace para sentirse mejor, son sus submodalidades, que vienen al rescate. Gran parte de cómo funciona la PNL es confiar en estas submodalidades para ayudarlo a cambiar la forma en que piensa, reconfigurar sus pensamientos y emociones, y ayudarlo a comprender cómo tiene el poder de cambiar su mentalidad y el proceso de pensamiento simplemente obteniendo una mejor comprensión de cómo funciona.

Sus submodalidades críticas son las que marcan la diferencia

Hay dos fases en las submodalidades que experimentamos. La primera fase es donde los cambios que usted realice tienen poca o ninguna diferencia en su mente. La segunda fase es la que marca una gran diferencia, y esta fase se conoce como su submodalidad crítica. Esta es la parte en la que usted se centrará. Al ajustar esta parte de su cerebro, usted puede comenzar a realizar cambios activos que tienen una gran diferencia, lo que se refleja en su entorno externo. Por ejemplo, en lugar de desear que las cosas cambien constantemente, ahora necesita afinar la submodalidad que se asocia con lo que está pasando para que ocurra un cambio real. Si era alguien que antes era propenso a la dilación, necesita ajustar su submodalidad para que ahora se convierta en alguien guiado por la motivación.

Estas submodalidades críticas son diferentes y únicas para cada individuo. No hay dos personas que experimenten o se sometan a la misma cosa, por lo que pueden diferir enormemente. Aquí hay un ejemplo de submodalidades críticas en el trabajo.

Si le pidieran que describa su futuro convincente, ¿qué le parecería a usted? Comience por elegir un objetivo para centrarse. Una vez que haya hecho eso, cierre los ojos y visualícese a sí mismo habiendo logrado este objetivo. Luego, tome esa foto en su cabeza un paso más e imagine que se está viendo en una película sobre su éxito. La película es una historia de su viaje hacia el logro de su objetivo. Visualice todo esto con gran detalle.

Ahora, para la segunda parte del ejercicio, es hora de jugar y ajustar sus submodalidades a la película mental que acaba de crear. Mejore la película para agrandarla en el ojo de su mente. Imagine los colores como grandes, vibrantes y coloridos. Enfoque la imagen y mire cada detalle con claridad. Use su submodalidad de audio para sintonizar con los sonidos que ocurren en su película. ¿Qué escucha y qué tan fuertes son los sonidos que usted está experimentando? Imagine esto con el mayor detalle posible. Use las submodalidades para ajustar el aspecto de audio de su película haciendo que los sonidos sean más altos o más bajos.

La tercera parte de este ejercicio es aprovechar su submodalidad kinestésica. ¿Qué siente cuando se visualiza logrando este objetivo? Sienta cada sensación en el ojo de su mente, desde el calor de los rayos del sol, hasta la brisa fresca que puede estar soplando contra su piel. Piense en las emociones que está experimentando. Alegría. Triunfo. Jubilación. Imagine todo esto como que ya ha sucedido; mírelo y siéntalo tan claro como si fuera real.

Así es como va a utilizar las submodalidades para ayudarlo a mejorar su inteligencia emocional. Se mostrarán más ejercicios en el capítulo 10 para ayudarlo con el proceso.

Comience a superar su estrés

Usted necesita desafiar sus emociones de estrés. En lugar de ceder a la emoción y dejar que lo controle, elija la forma en que responde y reacciona, deténgase un minuto y simplemente respire. El estrés puede tener efectos adversos en nuestros cuerpos que a menudo no pensamos dos veces. Pero debemos hacerlo. Si usted no lo hace, el estrés continuará dominando y enredando toda su vida, y nunca sentirá que tiene el control total.

Comience a desafiar su estrés haciéndose las siguientes preguntas:

- ¿Cuál es la causa de su estrés? La raíz de su estrés.
- ¿Qué está sucediendo ahora que lo hace sentir estresado?
- ¿Por qué deja usted que lo afecte tanto?
- ¿Qué puede hacer al respecto? ¿Cómo puedo usar las submodalidades a mi favor?
- ¿De qué otra manera podría abordar la situación?

- ¿Puedo dar un paso atrás y ver la situación que me está causando estrés? ¿O mis emociones están demasiado fuera de control?

El siguiente paso es desafiarse a sí mismo preguntando si hay razones por las que no debería estresarse. Empiece por hacerse las siguientes preguntas:

- ¿Me estoy estresando tratando de predecir el futuro?

- ¿Estoy ignorando los hechos y saltando a mis propias conclusiones?

- ¿Lo que me estresa puede tener un impacto significativo en mi futuro?

- ¿Esta situación o problema con el que estoy lidiando será tan importante dentro de una semana, un mes o incluso un año?

- Si no es así, ¿por qué estoy dejando que controle mis emociones ahora?

- ¿Cuántas veces me ha pasado el peor escenario o el peor de los casos? ¿Y si me sucedió, fui capaz de hacerle frente?

- ¿Podría estar sobreestimando la probabilidad de que ocurra el peor escenario y esto me está causando un estrés innecesario? ¿O hay hechos que apoyan mis preocupaciones?

- ¿Qué evidencia tengo para sustentar que ese pensamiento es verdadero?

- ¿Es este tipo de estrés tan importante que necesito estar tan angustiado ahora mismo?

La razón por la que muchas personas se sienten consumidas y abrumadas por sus emociones, especialmente cuando se trata de estrés, es porque temen que sus peores temores se conviertan en realidad. Están preocupados de que todo lo que imaginaron que puede ir mal, va a salir mal. Están enfocados en todos los posibles aspectos negativos del escenario y no pueden pensar en otra cosa. La mente es una cosa tan poderosa que cuanto más nos detenemos en algo, peor parece volverse. Algunas personas incluso pueden insistir mucho en ello y creer que es cierto y se convierte en su realidad.

Lo que usted debe tener en cuenta aquí, es que no importa lo que pueda estar causando su estrés, siempre hay otra solución a mano u otra forma de ver la situación. En este caso, utilice la PNL y submodalidades a su favor. ¿Por qué no aprovechar al máximo las herramientas disponibles para usted? La inteligencia emocional es suya para que la use y usted ya está en el camino correcto para hacerlo.

Definición de estrés

Usted está lo suficientemente familiarizado con el término, pero ¿cómo lo definiría si tuviera que hacerlo? El estrés es una emoción que experimentamos cuando nos enfrentamos a algo con lo que sentimos que no podemos hacer frente o que no podemos manejar adecuadamente, o que tememos, o que nos sentimos amenazados por él. Cuando usted experimenta sentimientos de estrés, los desencadenantes a menudo son causados por varios factores que incluyen la familia, las relaciones, el trabajo, los eventos traumáticos y más.

Cuando nos enfrentamos al estrés, es posible que nuestras tasas cardíacas se eleven, que nuestras respiraciones se vuelvan más pesadas y más rápidas, que tengamos una sensación de mariposas en el estómago o una pérdida de apetito. El estrés es parte del sistema de emergencia incorporado en nuestro cuerpo. Hubo un tiempo en que los humanos tenían que protegerse contra los depredadores diariamente, y este sistema de emergencia se ha mantenido con nosotros desde entonces. Es exactamente la causa del por qué los humanos han sobrevivido durante tanto tiempo. A pesar de que hemos evolucionado, nuestra respuesta al estrés permanece intacta.

Ahora, las "amenazas" con las que lidiamos pueden ya no ser animales en la naturaleza, pero nuestros cuerpos todavía reaccionan de la misma manera cuando responden a cualquier cosa que se considere menos que una condición deseable. Es cuando la respuesta al estrés se activa. El estrés en cantidades excesivas puede manifestarse físicamente. Los síntomas comunes incluyen:

- Dolores de cabeza frecuentes
- Pérdida del enfoque
- Dolores y molestias corporales
- Aumento de peso
- Pérdida de peso
- Disminución del apetito
- Aumento del apetito
- Fatiga Crónica
- Insomnio
- Dormir Excesivamente
- Cambios de Humor
- Inquietud
- Depresión
- Ansiedad
- Rabia
- Irritabilidad

¿Cómo usar las submodalidades para deshacerse del estrés?

La forma de administrar y minimizar sus niveles de estrés es una de las cosas en las que necesita trabajar para tratar de mejorar sus niveles de EQ. El estrés es un factor común con el que usted tiene que lidiar hasta que aprenda a regular sus emociones con EQ. Incluso entonces, las situaciones estresantes a veces no se pueden evitar, por lo que lo mejor es aprender a manejarlas. Lo que usted debe hacer ahora es establecer una meta para sí mismo. Haga de este su primer paso. Determine cuáles son esas metas. ¿Qué espera usted lograr con este proceso? Superar sus niveles de estrés debe ser su objetivo y debe confiar en las submodalidades para ayudarlo a hacerlo.

Las submodalidades se encuentran entre las técnicas de la PNL que pueden ayudarlo a minimizar su estrés, ya sea de manera indirecta o directa. La PNL consiste en que usted establezca la conexión con su mente para entender cómo funciona. El uso de submodalidades lo ayudará a aprender a disociarse del estrés. Para mantenerlo a raya, usted debe desconectarse de la emoción cada vez que la esté experimentando. Cuando se sienta estresado, concéntrese en alterar sus submodalidades para mejorar la forma en que se siente. Escuche su música favorita o salga a caminar para cambiar su percepción auditiva y visual. Así es como comenzará a quitarse y desconectarte de esa emoción.

La disociación es una de las mejores herramientas de submodalidad para fortalecerse y deshacerse del estrés de una vez por todas. Piense en ello como el arma secreta en su caja de herramientas para superar y regular esa emoción, para manejarla mejor y seguir adelante. Ahora que sabe que las submodalidades se pueden usar para cambiar la forma en que percibe las cosas, necesita usarlas para cambiar sus emociones. Cuando usted sienta un estrés intenso, use las submodalidades para hacerlo menos intenso. Así es como se desvincula de él. Piense en esta técnica de PNL como una escoba que lo está ayudando a barrer sus emociones de estrés negativo lejos de usted.

Si el estrés fuera una imagen, las submodalidades son lo que usted usaría para hacer que la imagen sea borrosa, poco a poco, hasta que todo lo que vea sea una caja negra vacía. Siempre que el estrés haga que los pensamientos en su mente salgan mal, use las submodalidades para bajar el volumen de la ruidosa charla que se está produciendo hasta que lo haya silenciado por completo.

Otra forma de utilizar las submodalidades para ayudarlo a eliminar el estrés y sentirse empoderado, es comenzar a deshacerse de las palabras negativas. La única charla que debería preocuparle es positiva. Entrene su mente para alejarse de esa dinámica negativa y eventualmente, comenzar a adoptar una perspectiva más positiva, tal como lo exige el alto EQ. Use submodalidades para ubicar su diálogo interno negativo en una caja mental que nunca desea abrir de nuevo. Podría tener todas las estrategias positivas de conversación interna en el mundo, pero si no las utiliza, no le hará mucho bien. Las submodalidades auditivas y visuales serán su mejor amigo en este caso. Escriba sus afirmaciones positivas y péguelas en su casa o en su lugar de trabajo. Póngalas en todas partes para verlas sin falta cada día. Colóquelas en el espejo donde pueda mirarlas todas las mañanas y las noches, colóquelas en el escritorio junto a su computadora portátil, colóquelas en su refrigerador, colóquelas en cualquier lugar donde las pueda estar mirando directamente. Es más fácil de recordar cuando está a su alrededor y hace que sea más fácil volver a entrenar su cerebro cuando la imagen es clara como el día y está justo delante de su nariz.

Estar cerca de personas positivas es bueno para sus submodalidades

El mejor enfoque de uso de las submodalidades puede ser a veces abarcar los cinco sentidos de submodalidad. Una forma efectiva de minimizar el estrés es rodearse desde todos los ángulos con factores motivadores. ¿Qué mejor manera de mantenerte motivado que rodearse de personas motivadoras? Concéntrese en mantener en su círculo cercano a todas aquellas personas que lo inspiran, a quienes lo conducen, a quienes trabajan arduamente todos los días, a quienes tienen grandes sueños y mentes brillantes. Cuanto más diversa sea la compañía que mantiene, mayores serán las posibilidades de que sus cinco sentidos se beneficien de todos los ángulos. Aprenderá mucho de estar rodeado de personas motivadas, y de estar rodeado de personas a las que puede ver vertiendo su pasión en su trabajo y en su vida cada día. Esto lo impulsará a sentirse motivado a hacer lo mismo.

Capítulo 5: 7 Cosas que usted necesita dejar de hacerse a sí mismo de inmediato

Convertirse en emocionalmente inteligente implicará un cambio de cableado acerca de su forma de pensar. Cuando usted observa a personas con un EQ, puede ver el tipo de rasgos positivos que emiten. Una de las cualidades que usted encontrará con más frecuencia es positiva, y esto se debe a que se han entrenado para pensar de esta manera. Ya no se permiten someterse a patrones de comportamientos tóxicos e insalubres que amenazan con impedirles el éxito.

Para volverse emocionalmente inteligente, no puede llevar consigo malos hábitos y pensamientos negativos. Deshacerse de las personas tóxicas y rodearse de personas positivas y edificantes es una cosa, pero deshacerse de sus propios hábitos negativos es otro aspecto que debe observar. Acumular pensamientos negativos y predictivos en su cabeza antes de que algo haya sucedido, se conoce como un pensamiento inútil. Estos pensamientos y hábitos inútiles continuarán frenándole y le impedirán alcanzar el alto EQ que desea, a menos que haga algo al respecto.

Para lograr la inteligencia emocional, hay siete cosas que debe dejar de hacerse a sí mismo en este momento. Aprender a reconocer sus pensamientos negativos e inútiles es el primer paso para superarlos. Usted es el único que puede lograr esta parte del proceso. Nadie más podrá hacerlo por usted. Póngase a prueba ahora mismo. Deje los malos hábitos y empiece a cambiar su vida hoy.

Siete cosas que usted debe dejar de hacerse

Necesitamos entender que cuando nuestras emociones se salen de control la mayor parte del tiempo, en realidad no hay una base real, una base y un punto de apoyo firme sobre el cual apoyarse. La mente es algo muy poderoso, y podemos fácilmente convertirnos en prisioneros de nuestros propios pensamientos sin ni siquiera darnos cuenta de que está sucediendo hasta que es demasiado tarde. Es porque es víctima de alguien o está cargando con los siete malos hábitos que se señalan a continuación:

#1 – Deje de ser critico

En algún momento, todos hemos sido culpables de ser demasiado críticos. Sin embargo, esto debe detenerse porque, si no se hace, puede escalar a niveles insalubres. Puede haber varias razones por las que usted se encuentra constantemente siendo crítico contigo mismo y especialmente con otras personas. Podría estar harto de alguien o algo, o su crítica podría provenir del miedo, tal vez incluso de los celos. Tal vez sea incluso la ira y la frustración. Sus razones pueden ser diferentes a las de alguien más, pero, de cualquier manera, lo que se puede acordar aquí es que este hábito debe detenerse ahora mismo.

Ser demasiado crítico con usted mismo y con los demás a su alrededor puede tener implicaciones negativas. La gente comienza a verlo como alguien desagradable e indeseable para tenerlo cerca. Los argumentos se inician mucho más fácil. Las situaciones se vuelven desproporcionadas. Incluso podría terminar causando fricción en sus relaciones debido a este hábito tóxico. Usted sabe que está en peligro de ser visto como un individuo tóxico cuando juzga constantemente, se queja todo el tiempo, controla, exige, es dominante, manipula y se enoja rápidamente, además de ser crítico en todo momento. Todos estos son hábitos de individuos con bajo EQ, gracias a la falta de autoconciencia y autorregulación. Este es un hábito del que usted debe deshacerse para avanzar.

#2 – Deje de enfocarse en lo negativo

Si todo lo que usted puede pensar es negativo, nunca llegará muy lejos en la vida. Ver las cosas de una manera positiva y mantenerse positivo todos los días se convierte en un desafío para usted. Si usted permite que ese estado de ánimo negativo permanezca, actuará como un ancla que lo arrastrará hacia el fondo, y cuanto más se detenga y debata sobre ello, más desesperado se encontrará y se hundirá. Será imposible lograr la inteligencia emocional de esta manera.

Ser negativo puede ser algo a lo que usted está acostumbrado y ni siquiera se da cuenta de que es su reacción por defecto. Algunos indicadores de que usted es más negativo de lo que debería ser, incluyen: le resulta difícil aceptar cumplidos, siempre presenta excusas, reacciona en lugar de responder adecuadamente y se encuentra constantemente haciendo inferencias negativas. Si usted realiza cualquiera de estas actividades con demasiada frecuencia, es probable que sea alguien con una percepción y perspectiva negativa. Este hábito tóxico no es más que un caldo de cultivo para el fracaso. ¡Es hora de ponerle fin!

Las afirmaciones positivas pueden usarse para reemplazar los pensamientos negativos que habitan en su mente. Cree su propia lista de afirmaciones positivas: dichos que lo hacen sentir bien consigo mismo cada vez que usted los dice. Siempre que usted sienta que sus emociones amenazan con salirse de control, saque de inmediato su lista de afirmaciones positivas y comience a repetirlas una y otra vez hasta que las internalice y usted las crea. Las afirmaciones pueden ser tan positivas y efectivas como usted quiera que sean. Para lograr el éxito con estas afirmaciones, usted debe hacer un esfuerzo constante de practicarlas de manera consistente sin importar lo que suceda. Creer en estas afirmaciones desde el principio puede ser un poco difícil, pero eventualmente, se volverá más fácil a medida que avanza. Las afirmaciones son la clave para transformarse y cambiar de opinión, y deben ser parte de su rutina diaria si desea experimentar un cambio real en su vida.

Aquí hay algunos ejemplos de afirmaciones positivas para ayudarlo a comenzar:

- Los retos me hacen una mejor persona.
- De ahora en adelante me enfocaré solo en los buenos pensamientos.
- Me siento bien y estoy conectado con las personas.
- Tengo el control de mis pensamientos y elijo ser positivo.
- Soy muy capaz de mantenerme tranquilo y sereno.
- Tengo la confianza suficiente para superar todos mis problemas porque creo en mí.
- Estoy agradecido por todo lo que tengo en mi vida.

#3. Deje de reaccionar

Si usted reacciona más de lo que responde, entonces esto es lo que tiene que hacer: "PARE". Si usted continúa dejando que sus emociones se sienten en el asiento del conductor, usted nunca tendrá el control. Siempre se encontrará con un mal juicio y malas decisiones, reaccionando muy mal ante cualquier situación en la que se encuentre. Esto solo se reflejará negativamente en usted y le mostrará a todos los demás el tipo de carácter que posee. Si usted no quiere que lo vean con una luz negativa, debe comenzar a responder en lugar de reaccionar.

Aquellos que a menudo son impulsados por sus emociones, reaccionan más en lugar de responder porque carecen de autoconciencia y autorregulación. No se detienen a pensar en las consecuencias de sus acciones. No se preocupan por las repercusiones, y no se dan cuenta de que a veces pedir disculpas puede ser demasiado tarde. Ser capaz de decir lo siento no le da la libertad de comportarse como quiera. Nadie estará dispuesto a soportar ese tipo de comportamiento por mucho tiempo. La inteligencia emocional define y determina el tipo de persona exitosa que usted será y qué tipo de líder podría ser. Una persona que reacciona en lugar de responder, nunca será un buen líder.

La meditación, la relajación y la respiración son tres ejercicios muy útiles que pueden ayudarlo a regular sus emociones y evitar que reaccione exageradamente. La meditación y la relajación pueden ayudarlo a controlar sus niveles de estrés y la respiración lo ayudará a controlar sus emociones. La meditación, la relajación y la respiración funcionan porque ayudan a que el cuerpo se sienta físicamente más tranquilo y además lo apoyarán en la consecución del desarrollo de la calma mental y emocional.

#4. Deje de culpar a otros

Otro hábito tóxico que tiene alguien con bajo EQ, es que constantemente se ven a sí mismos como la "víctima". Siempre es culpa de alguien más, nunca de ellos. Los factores externos son siempre culpables; es una persona o una circunstancia lo que causó su fracaso. No pueden ver sus propios defectos, por lo que encuentran consuelo en señalar con el dedo y culpar a los demás en su lugar.

Este comportamiento tóxico solo muestra un mal carácter, y nunca se convertirá en un líder si no abandona este hábito pronto. Puede que sea más fácil para usted culpar a otra persona en lugar de aceptar la responsabilidad por su parte en el proceso, pero eso no es lo correcto. Si usted sabe que no está bien, ¿por qué seguir haciéndolo? Culpar a los demás todo el tiempo solo lo convierte en una persona ineficaz, alguien que está destinado a nunca alcanzar el éxito porque esta actitud lo frenará.

Se necesita verdadero coraje para reconocer sus errores, asumir la responsabilidad y ser responsable de sus acciones. Es por esto que a las personas emocionalmente inteligentes les va mucho mejor que a aquellos que carecen de ese rasgo.

#5. Deje de buscar la gratificación instantánea

Ver el panorama general es un signo de inteligencia emocional. Aquellos que no tienen un alto EQ siempre buscan los atajos, la forma más fácil de hacerlo. Solo buscan gratificación instantánea y nunca pueden mantener su motivación por mucho tiempo porque tienden a rendirse cuando las cosas se vuelven demasiado difíciles. El fallo de muchas personas es pensar que la gratificación instantánea es mejor que el sacrificio a largo plazo. La gratificación instantánea nunca será un éxito a largo plazo. Es solo una distracción y satisfacción temporal. Tarde o temprano, usted volverá a caer en ese viejo patrón de estar insatisfecho con la vida en general porque las cosas todavía no son lo que pensaba que serían.

Esta es la razón por la cual la motivación es uno de los cinco conceptos centrales de la inteligencia emocional. Es un recordatorio de que usted debe seguir y darse cuenta de que cada paso que tome, debe ser uno que lo acerque más a su objetivo. A las personas emocionalmente inteligentes no les molestan las distracciones y las dificultades en el camino porque tienen el panorama más amplio en mente. Saben lo que quieren y no serán disuadidos por la tentación de la gratificación instantánea. Esta es la marca de un líder, alguien que puede mantener sus ojos en el premio. Alguien que puede pensar en el futuro y ver una visión que nadie más puede ver. Para convertirte en esta persona, usted debe abandonar el hábito de estar constantemente tentado de ir por el camino que conduce a la gratificación instantánea.

#6. Enfocarse en las debilidades en lugar de las fortalezas

Será muy difícil alcanzar su máximo potencial si usted solo se fija en todo aquello en lo que no es bueno. Un líder con EQ es alguien que se enfoca en sus fortalezas y en las fortalezas de las personas que las rodean, no es alguien que se aferra a las debilidades.

Todos tienen debilidades y cosas en las que les gustaría trabajar. Incluso usted, al tomar esta guía, está reconociendo que mejorar su EQ es algo que debe hacer. Eso ya es una buena señal de progreso, sabiendo que debe mejorar en algún aspecto. Las debilidades siempre pueden solucionarse si tenemos la determinación y el impulso para trabajar en deshacernos de ellas.

Deje de concentrarse en sus debilidades y comience a reconfigurar su cerebro para enfocarse en las fortalezas que usted aporta a la mesa. Enumere todas las cualidades en las que usted es bueno. Si le cuesta realizar esta tarea, solicite la opinión de familiares y amigos. Sin embargo, es importante que usted aprenda a aceptar los elogios de su familia y amigos, en lugar de tratar de minimizarlos y olvidarlos, ya que de lo contrario usted estará nuevamente centrándose en sus debilidades. Centrarse en sus debilidades es ponerse barreras y límites. Al hacerlo, usted estará creando bloqueos mentales, incluso antes de haber comenzado.

Ha llegado el momento de comenzar a abrazar las fortalezas que usted tiene y comenzar a aprovecharlas para mejorar su vida y sus niveles de inteligencia emocional de manera significativa. Además, comience a practicar la gratitud todos los días. La gratitud es una de las emociones positivas más saludables que podemos sentir como persona. ¿Usted se da cuenta de que aquellos que siempre están agradecidos de alguna manera parecen ser más resistentes al estrés? ¿O incluso si están pasando por momentos de estrés, rara vez se muestra tanto como su gratitud? La gratitud no solo le recuerda activamente las cosas por las que tiene que estar agradecido, sino que cuando usted se recuerda activamente a sí mismo todas las buenas experiencias que ha tenido en su vida, eventualmente esto lo ayudará a magnificar los pensamientos positivos, y pronto, los pensamientos positivos serán lo suficientemente fuertes para vencer las emociones negativas y tóxicas.

#7 Deje de distraerse constantemente

La diferencia entre usted en su estado actual y una persona emocionalmente inteligente es que esta última ha logrado alcanzar los objetivos que se propuso y que usted no ha logrado. ¿Sabe por qué? Porque se distrae fácilmente. Este es otro hábito tóxico que debe alejar de su vida. Mientras que una persona emocionalmente inteligente se enfoca en ver su objetivo hasta el final, una persona sin ese mismo nivel de EQ se distrae fácilmente porque nunca está satisfecha.

Los que no tienen EQ están constantemente descontentos, en busca de algo más grande y mejor por venir. Saltan de una cosa a otra, esperando resultados más rápidos o más visibles. Este enfoque nunca va a funcionar. Siempre es más fácil comenzar algo nuevo, pero seguir hasta el final es otra historia, por lo que necesita inteligencia emocional en el largo y difícil camino hacia el éxito. Comenzar algo nuevo siempre es emocionante, pero para mantener ese impulso y motivación en necesario confiar en su EQ, pues lo ayudará a llevarlo a cabo. Cuando usted comience un nuevo proyecto o se fije una nueva meta, comprométase a llevarlo hasta el final, especialmente cuando las cosas se pongan difíciles. Aquí es donde su inteligencia emocional lo ayudará a superar todos los obstáculos. Aquellos con alto EQ nunca se rinden y no se dejan disuadir, no importa cuán difíciles puedan parecer las cosas.

A veces es difícil no distraerse. Mantenerse enfocado en una tarea todo el tiempo requiere mucha energía. Para lograrlo, manténgase enfocado en sus objetivos, encuentre maneras de controlar su distracción interna, como trabajar en bloques de tiempo, por ejemplo, mientras toma breves descansos entre ellos, y mantenga sus distracciones externas al mínimo: ponga su móvil en silencio cuando necesita concentrarse en una tarea. Nunca olvide lo más importante: la razón por la cual usted se ha puesto ese objetivo en primer lugar.

Capítulo 6: Consejos, Tácticas y Estrategias para fomentar las relaciones

La relación que tenga con usted y con los demás dependerá de lo buenos que sean sus niveles de EQ. Las personas con mayor EQ tienen relaciones más fructíferas, productivas, saludables y felices. Esto abarca todos los tipos de relaciones. Es difícil, o a veces imposible, cultivar una relación positiva con alguien que es emocional todo el tiempo. Una persona emocionalmente inestable es una persona difícil y desagradable. Si usted no quisiera estar cerca de alguien así, ¿Cree que alguien más lo haría?

Las personas son criaturas únicas. No todos van a compartir el mismo punto de vista. Lo que funciona para usted no necesariamente funciona para otra persona. ¿Quién hubiera pensado que gran parte de nuestro mundo gira en torno a nuestras emociones y la forma en la que las manejamos? La mayoría de las personas ni siquiera le prestan mucha atención a la inteligencia emocional hasta que se les enseña cuán valioso e importante es este tipo de inteligencia, especialmente la diferencia que puede marcar en el tipo de relaciones que tiene con otros.

Para convertirse en la persona emocionalmente inteligente que usted quiere, tendrá que pasar por un proceso llamado reformulación de su mente. Esto significa que usted necesita fortalecer su EQ cambiando la forma en que piensa, particularmente en los momentos en que no puede regular sus emociones. Replantear su mente es lo que le ayudará a manejar sus emociones como lo haría una persona emocionalmente inteligente. Debe hacer esto primero antes de comenzar a trabajar para mejorar sus relaciones porque si mantiene la misma forma de pensar simplemente no funcionará.

¿Cómo reformular su Mente?

Reenfocar su punto de vista es esencialmente cambiar su mente, un ejercicio de mente sobre la materia. Si usted se lo propone, puede hacerlo. Los siguientes ejercicios también lo ayudarán con el proceso:

- **Encuentre tiempo para solucionar los problemas:** Para reformular su mente es necesario cambiar la forma en la que piensa y aborda los problemas. Debe cambiar el enfoque negativo de no poder solucionar o hacerle frente a las situaciones que le causan mucho estrés. La parte de autorregulación del proceso de EQ, requiere que usted sea capaz de resolver problemas. Esto puede fortalecerse reservando tiempo regularmente y analizando los problemas que enfrenta actualmente o que ha enfrentado anteriormente. Cuando usted se siente a abordar el problema, hágalo con una cabeza clara y tranquila. Reflexione sobre el problema y planifique algunos pasos de acción para resolver la situación. Replantee sus pensamientos para ver esos problemas como oportunidades para mejorar su EQ. Dele un giro positivo al problema.

- **Salga de usted mismo:** Con algo de práctica, finalmente usted podrá "salir de sí mismo" y observar sus acciones como lo haría si fuera un observador externo. Imagine que estaba en el exterior mirando hacia adentro, mirando la clase de persona que es y la forma en que maneja las cosas. ¿Le gusta lo que ve? Desde la perspectiva de un extraño, ¿cómo diría usted que las cosas podrían manejarse mejor? ¿Dónde cree que están sus niveles actuales de inteligencia emocional? Tomarse el tiempo para reflexionar sobre usted mismo lo llevará a un mayor nivel de conciencia de sí mismo, que es el componente principal para comenzar a desarrollar su EQ. El verdadero cambio comenzará cuando usted sea capaz de aceptar lo que está sucediendo y no vivir en la negación.

• **Deje de buscar excusas:** Las excusas no son beneficiosas para usted, solo lo distraerán y disuadirán de concentrarse en lo que es importante. No le hacen ningún bien, y es hora de que las abandone. Usar excusas para racionalizar sus decisiones y reacciones, para explicar el comportamiento que usted sabe que no es aceptable, no es la marca de alguien con alta inteligencia emocional. Las excusas siempre lo mantendrán en su zona de confort y le impedirán alcanzar el éxito. Asimismo, le impedirán aprender a regular sus emociones y desarrollar empatía. Las excusas no son productivas.

Estrategias para mejorar sus relaciones

Estar presente es un paso importante para mejorar las relaciones y es vital para la supervivencia de cualquier relación. Cuando usted se distrae, pierde mucho tiempo en las cosas que no puede cambiar en lugar de centrarse en las cosas que importan en este momento. Olvida las pequeñas cosas por las que tiene que estar agradecido, las relaciones que tiene con las personas que le rodean y descuida completamente su presente.

Cuando usted se distrae y se concentra en su agitación emocional, olvida que el presente es precisamente en lo que debería enfocarse porque va a determinar y dar forma a lo que le sucederá en el futuro. La fuerza de una relación reside en los preciosos momentos que pasan y construyen juntos, y usted no puede hacer esto cuando su mente está en otra parte y no está centrada en el tiempo que tiene ahora. Una vez que un momento se ha ido, nunca volverá y ya que la vida es tan fugaz como lo es, lo último que usted desearía es vivir con arrepentimiento.

Mantener las relaciones es un trabajo duro, es una carga de trabajo pesada y lo último que usted desearía agregar son las emociones no reguladas. Al estar presente, usted tiene el control de dos herramientas muy valiosas: la autoconciencia y la empatía. Los dos componentes conforman la inteligencia emocional. Cuando usted está en sintonía con lo que sucede a su alrededor, puede responder en consecuencia. El tipo de atención, empatía y conciencia es importante en una relación. Las relaciones son un proceso bidireccional y para que funcionen correctamente, todos los involucrados deben desempeñar un papel activo en el proceso.

La forma en que su pareja se ve, se mueve, el tono de voz que usa y cómo reacciona durante una conversación con usted, le dirá mucho más acerca de lo que realmente están sintiendo por dentro, en lugar de lo que está diciendo con sus palabras. Aquí es donde la empatía y la conciencia le ayudarán. La persona podría estar diciendo que está bien, pero si usted aparece, esté presente y observe las señales no verbales que emanan de ella, y estas le indicarán si está tan bien como dice. La comunicación no verbal es tan poderosa como la comunicación verbal porque incluso cuando la persona está sentada en silencio, se está comunicando a través de su lenguaje corporal, incluso aunque no sea consciente de ello. Si usted no está presente, se perderá todo esto y pondrá en riesgo su relación porque puede parecer que no le importa lo suficiente.

Estar presente es la clave que usted necesita para mejorar la potencia del vínculo que ya ha forjado en su relación. No tiene que ser la persona más emocionalmente inteligente del mundo para comenzar a construir una relación más fuerte. Todo lo que usted tiene que hacer es estar allí y estar presente. Cuando no está presente, se pierde mucha información e información valiosa que podría haber utilizado para fortalecer su vínculo. Cuando no esté completamente presente en el momento, por mucho que crea que ha hecho un buen trabajo ocultándolo, estaría equivocado. Todo lo que usted necesita hacer, es notar la próxima vez que alguien no esté presente cuando le habla. Es evidente y se nota, especialmente cuando usted es el único que le está prestando toda su atención. Si usted se da cuenta, puede apostar que su compañero también lo notará.

Para comenzar a mejorar sus relaciones, trabaje en la siguiente estrategia:

- **No tenga miedo de hacer preguntas:** La manera de conocer a la otra persona y construir vínculos es haciendo preguntas. No se puede hacer una conexión si usted no sabe nada acerca de la otra persona. Incluso si conoce bien a la persona nunca tenga miedo de hacer siempre más preguntas. Demuestre que está realmente interesado en ellos y lo que es más importante, que está presente y viviendo el momento.

- **Comuníquese de una manera honesta y abierta:** Es importante ser lo más honesto posible cuando se comunique con las personas que lo rodean, incluso si lo que tiene que decir puede no ser exactamente lo que ellos quieren escuchar. La inteligencia emocional significa aprender a sentirse cómodo expresando sus opiniones libremente, incluso si significa que la otra persona puede estar en desacuerdo con usted. Los desacuerdos no son un ataque personal contra usted, y no todos van a compartir la misma opinión todo el tiempo. Usted se sentirá mucho mejor sabiendo que ha hecho sus comentarios honestos en lugar de vivir con una pequeña mentira blanca. Las relaciones basadas en la mentira no son una base firme y no durarán mucho tiempo.

- **Mantenga su lenguaje y tono bajo control:** Usted como comunicador debe asegurarse de encuadrar sus mensajes en un lenguaje claro y fácil de entender, cuando intente comunicarse con otras personas. Tratar con las emociones puede ser complicado porque usted no quiere hacerlo de la manera incorrecta, por eso la forma en que se comunica en una relación, cualquiera que sea, va a marcar una gran diferencia. Idealmente, debería comunicarse de una manera que no corra el riesgo de ofender o herir los sentimientos de la otra persona. El lenguaje que use también debe ser conciso y al punto. Use la autoconciencia para evaluar la situación con la que está lidiando y cambie su tono o lenguaje para que se ajuste a la necesidad de la situación. Eso es lo que haría alguien con un alto EQ.

- **Solicite opiniones a los demás:** De esta forma sabrá si usted está ayudando a mejorar la situación o la está empeorando. Para asegurarse de que está siendo efectivo en la relación, necesita buscar comentarios cada vez que tenga la oportunidad de hacerlo. ¿Esta persona llega al punto? ¿Está conectando de la forma en la que usted quiere? ¿Hay algo más que se pueda hacer para ayudar a fortalecer o fomentar la relación? Presente escenarios a su familia y amigos, represente sus reacciones y haga que compartan sus comentarios honestos sobre cómo creen que manejó la situación de "simulación". Esto le ayudará a comprender mejor cómo está y puede tomar notas y tal vez, incluso, consejos útiles sobre qué otra cosa podría hacer para mejorar.

- **Espere, piense y hable:** Las personas emocionalmente inteligentes son aquellas que no dejan escapar lo primero que les viene a la cabeza, porque saben que al hacer eso, corren el riesgo de decir algo incorrecto o de causar un malentendido. Una vez que algo se ha dicho en voz alta, no se puede retirar. La autorregulación exige que haga una pausa y piense antes de hablar. No ceda ante la necesidad de responder con lo primero que le pasa por su cabeza. Es correcto hacer una pausa por un momento, tomarse un tiempo para pensar realmente lo que va a decir y luego hablar. Esto le ayudará a evitar mucha confusión y malentendidos a largo plazo, y terminará creando un mejor vínculo con la persona en el proceso, o fortalecerá su vínculo existente, cuando ambos tengan una relación sana y feliz.

- **Positividad, mi querido amigo:** Las personas emocionalmente inteligentes son siempre positivas. Eso es parte de lo que los hace tan agradables, y de cómo se manejan a sí mismos y a otras personas tan bien. Imagine una situación en la que alguien está hablando de manera brillante y alegre con una sonrisa en la cara. Ahora, imagine a otra persona, que está hablando en tono hosco y sombrío con una mirada seria o con el ceño fruncido. Sonría siempre porque una actitud positiva marca la diferencia y nadie puede resistir a una persona que irradia energía positiva. Crear vínculos y fortalecer las relaciones es mucho más fácil cuando usted siempre tiene una sonrisa en su cara y una actitud optimista que hace que otra persona sonría.

Manejar las emociones de las otras personas

Manejar las emociones de otras personas de manera efectiva requiere que usted permanezca en calma. Esto solo puede lograrse una vez que usted haya alcanzado la autoconciencia, la autorregulación y la empatía. Usted necesita responder sin reaccionar igual de emocionalmente, aunque la situación pueda ser difícil para usted. La única forma en que puede manejarlo es si es consciente de sus propios detonantes emocionales y cuenta con estrategias de regulación que lo ayuden a controlarlos.

Aquí hay algunas estrategias útiles para ayudarle a lidiar con las emociones de los demás:

- **Suelte su orgullo**: Para administrar las relaciones de manera efectiva, no permita que el orgullo o el ego se interpongan en su camino. Estos dos rasgos van a ser las barreras que le impedirán empatizar con las otras personas de la forma que lo haría una persona emocionalmente inteligente. Si usted quiere aprender a manejar las emociones de otra persona con éxito, deberá comenzar por lanzar por la ventana el ego y el orgullo. No permita que la terquedad se interponga en el camino para poder ver el panorama general. Aprenda a ver las cosas desde el punto de vista de otras personas y pregúntese por qué reaccionan de esta manera y qué puede hacer para mejorar la situación. Esto le ayudará a fortalecer sus habilidades de empatía y le enseñará cómo manejar situaciones similares en el futuro. Para tratar con éxito las emociones de otra persona, es posible que tenga que ser una mejor persona.

- **No juzgue**: Uno de los pasos más importantes para aprender a lidiar con otros, es escucharlos sin juzgarlos. Puede ser un desafío para usted, pero no debe permitir que sus sesgos o preferencias personales se interpongan en el camino o en la situación. Usted debe tener su mente abierta para poder manejar efectivamente las emociones de alguien más. No maneje la situación con nociones preconcebidas de lo que cree que es correcto o incorrecto, o cómo cree que deberían ser. Lo que piensa puede funcionar para usted, pero no necesariamente será la mejor solución para ellos.

- **Permítales tener su espacio:** Permita que la otra persona tenga su espacio si es necesario. A veces eso podría ser lo mejor que se puede hacer, dependiendo de la situación. También, puede alentarlos para que hablen con usted y que dejen salir todo lo que sienten. Por ejemplo, si la persona a la que usted está tratando de ayudar está llorando como parte de su respuesta emocional, déjela. Es posible que necesite una salida para liberar toda esa emoción contenida antes de que puedan comenzar a sentirse mejor. Si necesitan algo de espacio por un par de minutos, déjelos. Básicamente, lo que usted debe hacer en esta situación es ser el sistema de apoyo que les falta y que necesitan para sentirse mejor. Así es como usted les ayudará a manejar sus emociones de manera efectiva.

- **Identifique las emociones de los demás:** Aquí es donde sus habilidades de autoconciencia y empatía le ayudarán. Cuando la persona que usted está tratando de manejar es solo un gran desorden emocional, debe intervenir y ser la persona objetiva. Obsérvelos y use sus habilidades de empatía para comenzar a identificar qué emociones están mostrando. Mida la forma en que se pueden estar sintiendo. Cuando pueda identificar con éxito las emociones con las que está lidiando, podrá pensar en soluciones más efectivas porque sabe a qué se está enfrentando.

- **Haga preguntas:** Cuantas más preguntas haga, más información recibirá. Cuanta más información reciba, mejor será la solución que pueda encontrar. Las preguntas abiertas que alientan a la persona a hablar y revelar más información, le darán un mejor enfoque. Usted necesita obtener una imagen clara de lo que está tratando, para poder identificar el problema y luego planificar la respuesta o solución adecuada. Esencialmente, usted necesita que esa persona revele su historia. Siempre hay una razón por la que son emocionalmente de esa manera, y depende de usted intentar identificar cuál es la causa si no pueden controlarse a sí mismos.

- **Discúlpese:** Si en algún momento durante el curso de su interacción, usted pudo haber hecho o dicho algo que hiciera que la otra persona se sintiera peor, no dude en disculparse. Cuando usted tiene que manejar las emociones de alguien más, no es el momento de actuar con demasiado orgullo y puede disculparse, incluso si cree que tiene razón. Necesita mantener la paz, ser el más sensato en esta situación y, una vez más, ser la mejor persona. Esté preparado y dispuesto para disculparse sinceramente si la situación lo requiere.

Capítulo 7: Eleve el Nivel de sus Habilidades Sociales

Los humanos son criaturas muy sociables por naturaleza. Sin embargo, desde los albores de la tecnología y la era de los teléfonos inteligentes, esta cualidad parece haberse quedado en el camino. Es fácil pasar por alto la importancia de las habilidades sociales, pero piense en lo mucho que depende de ellas y ni siquiera se da cuenta.

Confíe en las habilidades sociales para comunicarse con amigos y familiares y para comunicarse con extraños en la tienda cuando hace mandados para satisfacer sus necesidades. Estas habilidades son aún más importantes en el lugar de trabajo, ya que sin las habilidades sociales será casi imposible para usted ascender en la carrera. Observe a los líderes en las mejores posiciones en su trabajo ahora mismo. Es probable que no sean individuos que solo se mantengan callados, eviten activamente a los demás y que no mantengan una conversación adecuada cuando sea necesario.

Para prosperar en el juego social, necesita inteligencia emocional. Cuando usted entiende sus propias emociones, facilita el manejo y la medición de las emociones de todos los demás a su alrededor. Para tener éxito en la vida en general, no solo en su carrera, necesitará una combinación de alta inteligencia emocional y excelentes habilidades sociales. La inteligencia emocional le ayudará a:

- Empatizar con los demás;
- Entender y ser capaz de ponerse en el lugar de otros;
- Interactuar con diferentes tipos de personas;
- Ser influyente;
- Ser persuasivo;
- Formar vínculos estrechos con los demás;
- Fomentar relaciones significativas y
- Trabajar bien y en grupo con otros.

La construcción de relaciones saludables requiere que estemos en sintonía con las emociones de los demás. Esto nos ayuda a responder y reaccionar adecuadamente. Podemos pensar que nuestro mundo social y emocional son dos componentes diferentes, pero en realidad, están más conectados de lo que usted piensa. ¿Qué tipo de sentimientos experimenta habitualmente en un entorno social? ¿Felicidad? ¿Amor? ¿Enfado? ¿Frustración? ¿Culpa? ¿Emoción? ¿Alegría? ¿Optimismo? ¿Compasión? ¿Satisfacción? Todas estas son emociones sociales que existen debido a las relaciones que tenemos con las personas que nos rodean, lo que significa que si usted desea establecer relaciones saludables, necesita estar en contacto no solo con sus propias emociones, sino también con las emociones de los demás. Aquí es donde entra en juego la inteligencia emocional.

Las emociones son contagiosas al igual que la gripe. Un ejemplo perfecto para ilustrar este punto sería si alguna vez ha estado con alguien que acaba de irradiar negatividad. Observe cómo su estado de ánimo desciende y el agotamiento energético que se siente al estar cerca de esa persona, casi como si su felicidad se estuviera desvaneciendo. Su negatividad comienza a afectarle, e incluso después de que se hayan ido, todavía usted siente los efectos que dejaron atrás. ¿Ve cómo las emociones pueden propagarse así? Su estado de ánimo afecta a los demás más de lo que usted se da cuenta. Si las emociones de alguien más pueden afectarlo tanto, puede estar seguro de que sus emociones están haciendo lo mismo

¿Por qué las habilidades sociales son importantes en la vida cotidiana?

Cada día, desde el momento en que usted sale por la puerta principal de su casa, se encuentra en un entorno social. Pasa o saluda a la gente en las calles, en el transporte público, en los supermercados, en el trabajo. Incluso si pasa el día haciendo recados, necesita confiar en las habilidades sociales, pues lo ayudarán a conversar con los demás y a pedir ayuda si es necesario. Al igual que cuando compra leche en la tienda, debe agradecer y saludar al cajero. Esa es una forma de interacción social.

Mientras esté rodeado de personas, necesitará habilidades sociales para relacionarse con ellas. Incluso para la supervivencia básica. Si usted es alguien ambicioso y tiene grandes esperanzas de escalar la escalera corporativa de su empresa algún día, las habilidades sociales son importantes, especialmente cuando su desempeño depende de lo bien que pueda compartir sus ideas y contribuir de manera productiva a su equipo y a la organización. Con una alta inteligencia emocional y habilidades sociales, usted será visto como un activo. No importa lo bueno que sea en su trabajo, usted no llegará muy lejos si no puede comunicarse bien con las personas y los clientes con los que tiene que trabajar. Si usted quiere tener éxito, necesita convertirse en esa persona accesible, amable, agradable y que hace que los demás se sientan cómodos en su presencia.

La buena noticia es que las habilidades sociales son algo que puede aprender y desarrollar. Incluso, no se preocupe si a usted no se le ha dado bien eso anteriormente. Esta es la razón por la que usted está leyendo este libro: para mejorar y descubrir qué puede hacer y cómo la inteligencia emocional puede ayudarlo a tener una mejor conversación a partir de este momento.

¿Cómo mejorar sus habilidades sociales?

Para comenzar a mejorar sus habilidades sociales, primero debe hacer una reflexión rápida sobre su círculo social actual. ¿Cómo le hace sentir la gente que le rodea? Dado que nuestras emociones a menudo están influenciadas por las personas que nos rodean y viceversa, este es un paso necesario del proceso. Para mejorar en el juego social, usted necesita construir un círculo social mejor y más positivo. No hay forma de que pueda mantener la inteligencia emocional y las excelentes habilidades sociales si está rodeado de personas negativas todo el tiempo porque eso lo convertirá en una persona más negativa. Alguien que es negativo no posee altos niveles de inteligencia emocional.

Parte de ser emocionalmente inteligente es rodearse del tipo correcto de personas. Los individuos exitosos lo hacen todo el tiempo, y constantemente nos aconsejan a los demás que hagamos lo mismo. Si su círculo social actual no lo está ayudando, podría ser el momento de formar un nuevo círculo social, uno lleno de personas que solo traen actitudes positivas a la mesa. Es posible que esto no siempre sea fácil de hacer porque a veces los negativos pueden ser personas que simplemente no podemos evitar como familiares, parientes, compañeros de trabajo. Lo que puede hacer en cambio es tratar de llenar su vida con personas más positivas para equilibrar eso.

¿Se pregunta cómo conocer gente nueva? Pruebe alguna de las siguientes sugerencias:

- o Únase a un nuevo club: algo que le interese como un club de libros, un club de jardinería o una clase de cocina
- o Conviértase en voluntario de una causa en la cual crea
- o Inscríbase en el gimnasio: es una gran vía para hacer ejercicio también

    o Apúntese a una nueva clase de yoga, zumba o baile

    o Únase a actividades comunitarias

Usted ya tiene la idea. Cuando tenga la oportunidad de unirse o probar algo nuevo, hágalo. Nunca se sabe dónde podría conducir o qué conexiones podría terminar haciendo.

Otras cosas que usted podría hacer para mejorar su juego social incluyen:

- **Sea usted mismo:** Nunca pretenda ser alguien que no es. Eso es solo una receta para el desastre. Es cierto que usted está haciendo todo lo posible para mejorar sus habilidades sociales, pero aun así debe ser genuino al respecto, o corre el riesgo de que no sea sincero. Si alguna vez se ha encontrado con alguien que pensó que era completamente deshonesto, entonces entenderá exactamente por qué no debe repetir ese error. Si intenta felicitar a alguien en un entorno social, asegúrese de ser sincero al respecto o no diga nada. Es mejor que arriesgarse a sonar como un farsante y ahuyentar a la gente porque tienen una impresión equivocada sobre usted. Ofrecer un cumplido que no quiere decir es todavía un esfuerzo muy arriesgado, porque sus palabras pueden estar diciendo una cosa, pero su lenguaje corporal está diciendo algo completamente diferente. Sea usted mismo porque es encantador tal como es, y parte de ser emocionalmente inteligente es tener la confianza de creer en sí mismo.

- **Establezca como prioridad acordarse de los nombres de las personas:** Si desea causar una excelente primera impresión cada vez, asegúrese de recordar los nombres de las personas con las que está hablando, especialmente cuando se reúna con ellos por primera vez. Haga contacto visual, sonría, preséntese con un apretón de manos firme y repita su nombre cuando lo digan para que lo recuerde mejor. Cuando se presentan diciendo: *Hola, soy Jen,* lo que usted debe hacer es responder, *Hola Jen, es un placer conocerte, soy (nombre).*

De esa manera, la próxima vez que usted se encuentre con ellos en un entorno social recordará quiénes son, e instantáneamente se sentirán bien con usted. Sus habilidades sociales ya habrán mejorado de esa manera. Piense en cómo se sintió cuando alguien recordó su nombre en lugar de cuando tuvo que volver a presentarse con alguien que ya conoció anteriormente. ¿No se siente muy bien, verdad?

• **Cuide sus modales**: A veces, los pequeños detalles pueden marcar la mayor diferencia en el mundo. Algo tan simple como tener buenos modales puede hacer mucho para mejorar dramáticamente sus habilidades sociales. Un signo de alguien que posee una alta inteligencia emocional es su capacidad para ser educados, respetuosos y tener buenos modales en todas las situaciones, incluso en aquellas que son desafiantes. Cuando alguien está siendo grosero con usted, pero usted hace el esfuerzo de no inclinarse a su nivel, esto dice mucho sobre quién es como persona. Siempre considere como una prioridad tener buenos modales y sus habilidades sociales mejorarán considerablemente.

• **Esté presente:** A veces, puede ser fácil distraerse, pero si quiere mejorar mucho socialmente, lo que debe hacer es proponerse estar presente en cada conversación e interacción social que tenga a partir de ahora. Estar completamente presente, atento y alerta. Trate cada interacción social como lo haría si estuviera sentado en una reunión de clientes muy importante. Merece ese mismo tipo de enfoque, esa atención al 100%. Si está interactuando con alguien, haga un esfuerzo para minimizar la distracción guardando su teléfono móvil y haga todo lo posible para asegurarse de que su mente no esté preocupada en ese momento. Esta es una señal de alguien con alta inteligencia emocional, alguien que ve el valor en conversaciones significativas y hace un esfuerzo en todo momento. Este es el factor que marca la diferencia en el mundo. Cuando usted escucha activamente lo que otra persona le está diciendo, minimiza la posibilidad de que se produzcan silencios incómodos y conversaciones con una disminución gradual porque no está seguro de qué decir o cuál debería ser la respuesta adecuada. Dominar las habilidades sociales significa saber cómo mantener la conversación de un lado a otro, procesar la información que recibe y dejar a cualquier persona con la que esté hablando con una impresión positiva. Esto garantiza que sea memorable y que los demás deseen ponerse en contacto con usted nuevamente.

- **Tenga un objetivo para usted mismo:** Cuando usted recién empieza a trabajar para mejorar sus habilidades sociales, le ayudará establecer pequeños objetivos al principio. Comience con metas pequeñas como *"hoy, me propondré conversar con tres personas y hacer que sea significativo, y trabajar desde allí"*. Mejorar sus habilidades sociales consiste en practicar hasta que se convierta en algo natural para usted, y qué mejor manera de hacerlo que tener metas diarias o semanales que lo empujen a seguir avanzando.

¿Cómo aumentar su carisma?

Las habilidades sociales y la inteligencia emocional son solo el comienzo. Si realmente usted quiere mejorar sus habilidades sociales, hay algo más que debe agregar a la mezcla: carisma. Las personas que exudan el carisma parecen tener esta extraña habilidad para atraer a las personas a su círculo en el momento en que comienzan a hablar. Tienen confianza y parecen encantarle con cada palabra que dicen desde el principio. Eso es el carisma haciendo su magia.

Hay algunos pocos afortunados que han tenido la suerte de ser bendecidos con una habilidad carismática natural. ¿Qué pasa con el resto de nosotros? Necesitamos trabajar para desarrollarlo. Al igual que la confianza, el carisma es algo en lo que usted necesita trabajar y ejercitarse diariamente. Llevará tiempo y práctica, por lo que tendrá que ser persistente hasta que llegue al final.

Si usted está listo para comenzar a trabajar para convertirte en el gato carismáticamente genial que usted siempre quiso ser, así es como puede comenzar:

• **Todo va sobre la sonrisa:** Una sonrisa debe ser genuina, nunca forzada. Una sonrisa debe llegar a sus ojos, no algo que sea rígido y delatar lo incómodo que realmente se siente. Practique sonreír frente al espejo todos los días hasta que la sonrisa que vea sea cálida, genuina, amigable, relajada y natural. Esa es la sonrisa de alguien que tiene carisma. Una sonrisa genuina ilumina su rostro y le hace parecer más agradable, simpático y accesible. Rara vez usted encontrará a alguien que no le devuelva una sonrisa genuina. Cuando usted sonríe, coloca a las personas con las que está interactuando socialmente, en un estado más relajado, cómodo y feliz, lo que hará que graviten más hacia usted, porque los hace sentir bien. Mantenga el contacto visual cuando sonríe también, no lo olvide.

• **Contacto visual en la dosis adecuada:** Si el contacto visual es exagerado, usted se verá como alguien que es espeluznante e incómodo. Si es muy poco, usted se verá como alguien distante e inaccesible. Usted debe tratar de dominar la cantidad justa de contacto visual ya que es la clave para volverse más carismático. No importa con quien esté hablando, en todos los entornos sociales tener una buena cantidad de contacto visual es muy importante. El contacto visual le permite a la otra persona saber que es importante y que son dignos de su tiempo y atención. Mantenga el contacto visual, pero no hasta el punto de que parezca que los está mirando fijamente, intentando intimidarlos. La mejor longitud de contacto visual que debe tener, es mantener la mirada de una persona durante un segundo más de lo que normalmente haría. Al igual que con una sonrisa, practique esto en casa frente a un espejo hasta que esté satisfecho con lo que ve. Siempre que sea posible, solicite comentarios sobre cómo le está yendo a sus familiares o amigos y pídales que le den su opinión honesta.

• **Relájese**: Lo que hace que las personas carismáticas sean tan encantadoras y agradables es lo expresivas que son con sus cuerpos. No se quedan allí en medio de una conversación, rígidos como una tabla, dando la impresión de estar incómodos. Son expresivos, pero en la cantidad justa para no exagerar. Relájese cuando usted esté en un entorno social. Sumérjase en la conversación y olvídese de todo lo demás. Exprese entusiasmo y gestos de forma apropiada cuando sea relevante. Esto también se puede practicar frente al espejo a través de conversaciones ficticias consigo mismo. Al hacerlo, tome nota de cómo se ve. ¿Está asintiendo demasiado? ¿Son sus hombros y brazos demasiado rígidos? ¿Está gesticulando demasiado? ¿Está cruzando los brazos frente a su cuerpo sin darse cuenta? Los gestos pueden no parecer tan importantes, pero recuerde que en un entorno social, cuando trata con personas que son diferentes a usted, las pequeñas acciones pueden percibirse de manera diferente. Nunca es una buena idea asumir que todos pensarán como usted y entenderán de dónde viene. Si usted quiere mejorar sus habilidades carismáticas, necesita comenzar a practicar estos movimientos en el espejo. Nuevamente, pregunte las opiniones y busque los comentarios de otros en su círculo social de confianza. Esta es la mejor manera de evaluar si sus esfuerzos están funcionando y están dando sus frutos. Considere ver videos o Ted Talks de individuos exitosos y oradores motivacionales para estudiar cómo se expresan con sus cuerpos

• **La persona con la que habla importa:** Y necesita hacer que se sientan de esa manera. Ser carismático no consiste solo en centrarse en sí mismo, sino en la alta inteligencia emocional, ¿recuerda? Se trata de hacer que las personas con las que usted está comprometido se sientan igual de importantes. ¿Le gustaría estar en una conversación con alguien que no lo hace sentir valorado? ¿O alguien que le hace sentir que sus ideas son aburridas? Definitivamente no, y en eso radica su respuesta sobre cómo ser más carismático. Todo lo que tiene que hacer, es hacer que se sientan especiales. Préstele toda su atención. Sonría. Demuestre estar emocionado cuando hable con ellos. Respételos. Trátelos como a un igual, a nadie se le debe hacer sentir que está por debajo de usted; se trata de un respeto mutuo. Haga que se sientan importantes haciendo preguntas abiertas y aliéntelos a hablar sobre ellos mismos. Escuche cuando hablan. Asienta cuando esté de acuerdo con lo que están diciendo. Realice breves interjecciones cuando sea apropiado durante una conversación que demuestre que está escuchando con claridad. Incluso algo tan simple como *"sí, estoy completamente de acuerdo"*, es suficiente para asegurarles que está escuchando. Esa es toda la magia carismática que necesita para mejorar su carisma.

Las habilidades sociales y el carisma son habilidades esenciales que puede comenzar a desarrollar y trabajar junto con su inteligencia emocional. No es tan difícil como puede parecer que usted se convierta en una persona encantadora y cómoda en cualquier entorno social en el que se encuentre. Se necesita práctica constante. Confíe y haga lo mejor que pueda cada vez, y si hay casos en los que a alguien no le gusta o con quien no se lleva bien, está bien. Hay miles de millones de personas en el mundo; sería imposible llevarse bien con cada una de ellas. El objetivo es hacer lo mejor posible, ser lo más genuino posible y tener confianza en sí mismo.

Capítulo 8: Empoderamiento Empático

¿Qué le viene a la mente cuando piensa en la palabra *empath*? ¿Usted cree que los empáticos son personas que ya han nacido con ese don? Ese es un error común, aunque es cierto en algunos casos. Sin embargo, ser empático es una habilidad que usted puede aprender, al igual que las demás habilidades que hemos mencionado en este libro.

Convertirse en un empático es entrenar su mente y ejercitarla para estar más en sintonía con la empatía. Se trata de cambiar su mentalidad y entrenarla hasta que la empatía se convierta en algo natural para usted.

La empatía es uno de los conceptos centrales para convertirse en un individuo con alta inteligencia emocional porque:

- Mejora aún más su capacidad para relacionarse y comprender a quienes le rodean.

- Le ayuda a resolver mejor los conflictos y manejar los desacuerdos cuando puede identificarse con los demás.

- Le ayuda a predecir con precisión cómo van a reaccionar los demás.

- Hace que usted se sienta más seguro al expresar su punto de vista porque está sintonizado con su entorno.

- Otros lo verán a usted como una fuente de comodidad, a veces incluso como alguien que puede curarlos emocionalmente.

- Mejora su motivación para ser una mejor persona y prosperar en cualquier entorno social.

- Usted forma mejores vínculos y más fuertes con las relaciones que forja, incluso con las nuevas.

- Le resultará mucho más fácil perdonar a los demás porque puede ver las cosas desde su perspectiva, reflexionar sobre por qué reaccionaron de esa manera y entender de dónde vienen.

- Le hace más consciente de su lenguaje corporal no verbal y la forma en que se relaciona con los demás.

¿Por qué la empatía es importante?

Si usted desea ejercer algún tipo de influencia, necesita tener empatía con su equipo. Sin poder sentir la forma en que los demás se sienten, le resultará una tarea cuesta arriba dejarles una impresión positiva.

Cuando usted no logra sentir cómo se sienten los demás, las interacciones sociales se verán afectadas. Le resultará muy difícil construir relaciones efectivas, e incluso formar vínculos sólidos. Las personas deben poder gustarle, confiar en usted y relacionarse con usted si van a dejarse influenciar por usted.

Un empático experto es alguien que es eficaz en la lectura de señales emocionales. Pueden escuchar efectivamente las voces de las personas que los rodean porque tienen una comprensión genuina de dónde viene esa persona.

¿Cómo convertirse en empático?

Dado que la empatía es uno de los elementos centrales de la inteligencia emocional, es apropiado que hagamos lo que debemos para construir nuestras habilidades empáticas. Para convertirse en un empático, comience con las siguientes estrategias:

- **Conéctese con usted:** Antes de que usted pueda comenzar a comprender a los demás, primero debe conectarse consigo mismo. Un empático efectivo es alguien que está centrado, alguien que es realista y está conectado a la tierra. Cuando usted está conectado consigo mismo, es menos probable que se distraiga fácilmente por lo que sucede a su alrededor. Usted es capaz de centrarse en lo que importa. Una de las mejores técnicas que usted podría aplicar para conectarse consigo mismo es la meditación.

    o La meditación le ayuda a encontrar el equilibrio, la calma y la paz interior, y puede utilizarse en casi todos los aspectos de su vida cuando se sienta ansioso, preocupado o estresado. Aprender a controlar nuestras mentes es una de las cosas más difíciles que podemos hacer. Pero para convertirse en un empático, esto es lo que se necesita. Es fácil dejar que nuestros pensamientos y emociones nos superen. Es tan fácil ser consumido por la negatividad. Aprender a convertirse en un empático comienza dentro de usted, y comienza por aprender cómo enfocarse y ganar control de lo que está sucediendo internamente.

    o Otro método que usted podría utilizar para conectarse con usted mismo es dedicar unos minutos cada día a estar en su propia compañía. Hoy vivimos en una sociedad que está demasiado apegada a sus dispositivos tecnológicos, y es hora de que los abandonemos por un momento. Nunca se conectará con usted mismo si sus ojos están constantemente pegados a una pantalla digital. Haga una pausa, respire, disminuya la velocidad y simplemente aprecie estar consigo mismo. Esto se puede hacer junto con sus sesiones de meditación. Le da tiempo para reflexionar sobre lo que le importa y, lo que es más importante, le dará unos minutos para despejarse y pensar.

- **Ponerse en el lugar de los demás:** Esto es quizás lo más obvio que usted puede hacer y funciona. Siempre que usted esté involucrado en una conversación con alguien, imagine cómo sería ver las cosas desde el punto de vista de los otros, no solo el suyo. Esta es una de las formas más básicas y efectivas de comenzar a desarrollar sus habilidades de empatía. Puede que no nos demos cuenta, sin embargo, rara vez pensamos bien en lo que otra persona podría estar pasando. Podemos escuchar lo que nos dicen y simpatizar. Pero, ¿con qué frecuencia intentamos sentir con lo que están lidiando actualmente otras personas?

    o Es posible que usted haya sido culpable en el pasado de haber eliminado a alguien por ser simplemente tonto, o dramático o exagerar demasiado. Eso es lo que sucede cuando carecemos de las habilidades de empatía necesarias para responder adecuadamente. Puede ser tonto o dramático para nosotros, pero para ellos podría ser un asunto muy serio. Ser empático le enseñará a ver más allá de sus propios sentimientos y a conectarse con la otra persona sin prejuicios ni juicios.

- **Pensar más en ellos:** Cuando usted come ese delicioso almuerzo que acaba de comprar en la tienda cercana, ¿piensa en las personas que trabajaron arduamente para prepararlo? Las horas que pasaron en la cocina, ¿para que usted no tuviera que hacerlo? Cuando usted está disfrutando de su deliciosa taza de café en la cafetería local, ¿piensa en los que pasaron por todos esos problemas para recolectar los granos de café que usted está disfrutando ahora mismo? ¿Piensa en las personas que ayudaron a enviar y entregar ese café a la tienda local donde usted está sentado en este momento disfrutando de los frutos de su trabajo? Dedicar un pensamiento más profundo a las personas que le rodean es un enfoque que podría usar para comenzar a entrenar sus habilidades de empatía. Estas personas no necesariamente tienen que estar directamente frente a usted para que usted pueda establecer esa conexión. Se trata de tomarse un momento para pensar en estas personas y ofrecerles un rápido agradecimiento en silencio. Se trata de conectar con la humanidad.

- **Elimine los prejuicios:** Esto puede ser difícil. Muchos de nosotros somos prejuiciosos sin siquiera darnos cuenta. Para otros, ser prejuicioso ya es una parte innata de quiénes son. Cuando alguien de una raza, género o religión diferente se acerca a usted, ¿cómo reacciona si es algo con lo que no está familiarizado? ¿Establece automáticamente una barrera? Eso es un prejuicio, y es lo que le impedirá convertirse en empático si no intenta deshacerse de él. Para convertirse en un empático, tendrá que desafiar sus creencias anteriores y los prejuicios que tiene actualmente. Trabaje para deshacerse de ellos y comience a ver personas, lugares y situaciones con una mente abierta. El hecho de que una persona sea diferente a usted no significa que deba tener cuidado. Todo el mundo sigue siendo humano al final del día. Deshágase de las barreras y comience a ver a todos como una sola cosa: humano. Todos somos iguales en esta tierra, y debemos respetarnos mutuamente. Trate de encontrar algo o algunos puntos en común con los que pueda conectarse. Esto le ayudará a concentrarse en las cosas que les hacen similar y menos en lo que lo hace diferente. Cuando pueda relacionarse con ellos y conectarse con un interés compartido, tendrá una mejor experiencia interactiva y, finalmente, los límites simplemente desaparecerán. En este momento se produce una mayor empatía, abriéndose a las personas que lo rodean y dándoles la bienvenida como parte de su círculo.

- **Sea Curioso y más curioso:** A medida que envejecemos, tendemos a mantenernos solos y queremos desconectarnos del mundo, especialmente si no somos personas naturalmente sociables. Sin embargo, si usted quiere convertirse en un empático, necesitará comenzar a nutrir su curiosidad nuevamente. Empiece a sentir curiosidad por la gente. Busque razones para relacionarse con personas con las que normalmente no se conectaría. Entable conversaciones con personas que provienen de diferentes orígenes que usted. Al socializar con un grupo diverso de individuos y lanzar su red a lo largo y ancho, desarrollará una comprensión más universal del mundo y de las personas que lo rodean. Esto le ayudará a ver a estos individuos como humanos y derribar las barreras adicionales que pudieran haber existido que le impidieron ser más empático con ellos.

Ser un empático no es solo una habilidad para alguien que nació con ese don natural, es algo que todos podemos aprender. La inteligencia emocional y la empatía no se tratan solo de controlar y comprender las emociones; se trata de aprender a actuar, ser y cuidar. Estas habilidades deben comenzar lentamente a convertirse en parte de su personalidad. Simplemente cambiando su actitud, mostrando un poco de amor y cuidado, se sorprenderá de la gran diferencia que puede marcar.

¿Cómo ser más autodisciplinado cuando se trata de sus emociones?

Para lograr esto, usted necesita cambiar su forma de pensar y mejorar su autodisciplina. Cambiar su mentalidad puede hacer maravillas para transformar su vida y sus emociones. Desarrollar la mentalidad correcta puede convertirse en la herramienta más poderosa que usted tendrá. Lo llevará de donde está ahora mismo a donde quiere o espera estar en su vida, que no es más que convertirse en un empático con altos niveles de EQ.

Gandhi dijo una vez: "*Necesitas ser el cambio que deseas ver en el mundo*", y esto no podría ser más cierto. Si usted quiere ver un cambio real en su vida y de una manera que nunca creyó posible, todo comienza con usted. El tipo de mentalidad que tiene es un reflejo de sus niveles actuales de inteligencia emocional. ¿Cree que podría ser hora de cambiar su mentalidad? La respuesta es sí, si puede relacionarse con alguna de las siguientes señales a continuación.

Cinco señales de que es hora de cambiar su mentalidad

Nuestros pensamientos pueden lastimarnos más de lo que sabemos. Más importante aún, pueden afectar nuestras emociones de una manera tan significativa que terminamos reaccionando de la manera que sabemos que no deberíamos. El problema con una mentalidad negativa es que actúa como un ancla que nos hunde, y significa que sus niveles de inteligencia emocional todavía necesitan algo de trabajo.

- **¿Le resulta difícil dejar ir?:** Especialmente los errores y los fallos que ha enfrentado. Para convertirse en un empático que posee un alto EQ, usted necesitará cambiar esta línea de pensamiento, o la libertad emocional es algo que nunca encontrará

- **¿Siempre se siente desmotivado?:** Usted se encuentra con falta de ganas para hacer cualquier cosa, incluso si es algo tan pequeño como reunirse con un par de amigos para la cena. Se siente cansado y desmoralizado, perdiendo cualquier deseo incluso de esforzarse más. Se encuentra perdiendo ese entusiasmo por la vida. Esto debe cambiar si desea trabajar para convertirse en un empático.

- **¿Se queja usted de lo mismo?:** Al igual que un disco roto que se repite, eventualmente sus quejas comenzarán a definirlo si no hace algo al respecto. Si usted se encuentra haciendo esto, es hora de que empiece a cambiar su mentalidad para mejorar, porque nunca obtendrá nada de quejarse, excepto que alejará a las personas que están cerca de usted. ¿le gustaría estar cerca de alguien que se queja todo el tiempo? Definitivamente no.

- **¿Encuentra demasiadas excusas?:** Siempre habrá una razón para no hacer algo. Usted prefiere poner excusas en lugar de hacer un esfuerzo real para cambiar. Siempre habrá una razón para no hacer algo. El reto ahora es encontrar razones por las que debería. La motivación es uno de los conceptos centrales de alguien con altos niveles de EQ, y alguien así no tiene excusas todo el tiempo. En su lugar, actúan y se convierten en un catalizador para el cambio.

- **¿Le resulta difícil ser feliz?** No importa cuántas cosas buenas tenga para estar agradecido, usted se siente infeliz y miserable todo el tiempo. La felicidad parece una lucha constante. Puede que esté feliz por un tiempo, pero no pasa mucho tiempo antes de que se encuentre hundiéndose nuevamente en el pozo de la desesperación. Es hora de que esa mentalidad cambie, mi amigo.

Deje que la autodisciplina sea su fuerza motora

Puede que usted se esté preguntando si todavía es posible cambiar. Sí, absolutamente porque la autodisciplina no es un conjunto de habilidades con el que algunas personas nacen, razón por la cual otras han tenido éxito y usted no. La autodisciplina es un estado mental, y como es algo que puede aprenderse, puede ser adquirido por cualquier persona con el deseo de cultivarlo y convertirlo en parte de quienes son. Esta herramienta será su fuerza motora para lograr un mejor control sobre sus emociones de una vez por todas.

No existe una forma fácil ni un atajo para obtener más autodisciplina. Usted tendrá que dedicar tiempo, esfuerzo y energía a todo el proceso si desea que esto suceda. Se requerirán algunos sacrificios de su parte para convertirse en la persona disciplinada que desea ser y para lograr los cambios positivos en su vida que usted espera.

Se deben hacer ajustes y habrá algunas cosas difíciles que tendrá que hacer, pero el cambio es necesario para un bien mayor, y esto tiene que ser un sacrificio que debe estar dispuesto a hacer. Todos pueden aprender cómo construir un hábito saludable de autodisciplina. Depende de usted si decide hacerlo o no y ¡ojalá lo haga! Una vez que lo haga, se sorprenderá del efecto trascendental que tendrá en su vida y de la diferencia que puede hacer.

Aquí le mostramos cómo puede mejorar sus niveles de autodisciplina y usar este rasgo para cambiar su forma de pensar y mejorar su control sobre sus emociones:

- **Sea persistente:** Tener la intención de convertirse en una persona más autodisciplinada no es suficiente. Usted debe estar dispuesto a mantener ese impulso, por lo que la persistencia es otro rasgo importante que debe desarrollar como parte de su carácter. Su éxito dependerá de su capacidad de persistir incluso cuando las probabilidades no estén a su favor. Los contratiempos sucederán, conseguirá muchos obstáculos en su camino, y ante eso, debe persistir con autodisciplina para ver más allá de todo esto.

- **Practique la administración del tiempo:** La administración del tiempo es una de las habilidades más importantes que usted puede dominar, y es en este área donde la autodisciplina es la más importante. ¿Por qué? Porque la forma en que gestione su tiempo determinará el resultado de la vida que lleve. El tiempo es su propio maestro, y si bien es posible que usted no pueda administrarlo o controlarlo, ciertamente usted puede controlar lo que hace con su tiempo.

Comience a sacar el máximo provecho de su tiempo aprovechándolo de manera diferente. Antes, es posible que haya malgastado mucho tiempo haciendo cosas de poca importancia que no lo iban a beneficiar a largo plazo, o incluso si usted apenas logró hacer algo porque postergó y encontró excusas para no llegar a hacer las cosas gracias a la falta de la autodisciplina, necesita hacer un cambio completo y comenzar a utilizar el tiempo de manera muy diferente.

• **Cambie sus hábitos**: Construir hábitos saludables y productivos es el primer paso para cambiar su vida. ¿Por qué usted debe cambiar sus hábitos cuando todo lo que quiere adquirir es más autodisciplina? Porque todo lo que usted haga le afectará mental y físicamente. Si bien la autodisciplina puede ser una habilidad productiva, si usted se encuentra sobrecargado con sus hábitos negativos, eventualmente acabará con la autodisciplina.

• **Fije metas:** Para que la autodisciplina cambie su vida, es importante que primero encuentre su misión y tenga un propósito. Establezca una meta para sí mismo: no tiene que ser algo muy complicado o grande en este momento. Siempre se puede comenzar con un objetivo pequeño en el que se va trabajando para lograrlo y luego generar un impulso a partir de ahí. Usted debe anotar esta meta o misión porque le ayudará a definir claramente qué es lo que necesita lograr. Cuando algo está físicamente allí frente a usted, se hace realidad, pasan de ser simplemente varios pensamientos e ideas aleatorias en su cabeza que puede olvidar en el camino. Escríbalo y péguelo en un lugar donde lo vea todos los días sin falta.

Capítulo 9: Liderazgo e Inteligencia Emocional

¿Por qué algunas personas son más exitosas que otras? ¿Qué es lo que los hace líderes que destacan entre la multitud? Su ética de trabajo y personalidad podrían ser factores contribuyentes, pero eso es solo una parte de la historia. La otra es la inteligencia emocional que poseen. En términos más simples, piense en EQ como si fuera inteligencia en la calle. Esta es la cualidad que le permite navegar por la vida de manera efectiva, y esta es la cualidad exacta que necesita desarrollar si desea encontrarse en una posición de liderazgo algún día.

Un líder y gerente exitoso es aquel que puede sacar lo mejor de todas las personas con las que trabaja. Cuando usted tiene inteligencia emocional, se nota. Es más seguro, decidido, apasionado, trabajador y flexible hasta el punto de poder adaptarse fácilmente cuando la situación lo requiera. Piensa de pie, se recupera rápidamente del estrés y mantiene la calma incluso en las situaciones más difíciles. Ser un líder no es una posición envidiable. Hay una gran responsabilidad que eso conlleva, y cuando algo sale mal, usted es a quien la gente recurre para obtener respuestas y soluciones.

Características de una persona con alto EQ

No hay ninguna empresa que pueda tener éxito sin el tipo de liderazgo adecuado al mando. Ser un líder es muy diferente de ser un líder eficaz y exitoso. Uno va a ser el jefe de una compañía que será mediocre, pero el otro dirigirá una compañía que está destinada al éxito.

Un líder con alta inteligencia emocional muestra las siguientes cualidades:

- **Le encanta conocer gente nueva:** Este tipo de personas han cultivado su curiosidad hasta el punto de que nunca rehúyen conocer nuevas personas. De hecho, han llegado a amarlo. Hacen muchas preguntas, hacen que una persona se sienta cómoda y bienvenida, muestran empatía y están en sintonía con los sentimientos de la otra persona, incluso si son extraños. Así son las personas con un alto EQ.

- **Están atentos:** Los individuos de alto EQ no se distraen fácilmente. Están enfocados, y pueden ver la imagen más grande. Rara vez se conforman con la gratificación instantánea. Están atentos y presentes ante la situación actual de los demás, de la de ellos mismos y las personas que los rodean. Esto es autoconciencia en el juego. Pueden enfocarse y concentrarse en lo que se supone que deben hacer, y no se detienen hasta que la meta se haya cumplido, sin importar el obstáculo.

- **Saben cuáles son sus fortalezas:** Si usted posee un alto EQ, será honesto consigo mismo. Los líderes excepcionales conocen sus fortalezas y debilidades y las aceptan con los brazos abiertos. No se excusan por su debilidad. Ellos encuentran maneras de trabajar para mejorarlas. No solo pueden identificar sus propias fortalezas y debilidades, sino que también pueden hacer lo mismo con los demás con quienes trabajan. Este tipo de personas saben cómo identificar el área de fortaleza de cada miembro del equipo y lo utilizan para beneficiar al equipo.

- **Saben por qué están molestos:** Los líderes siempre saben exactamente cuál es el problema emocional. No solo el de ellos mismos, sino también el de los otros. Esto se debe a que han mejorado su capacidad de autoconciencia para reconocer sus emociones tan bien que siempre pueden reconocer por qué pueden estar molestos. Han desarrollado la capacidad de reconocer estas emociones a medida que surgen e identificarlas con precisión. Además, como son emocionalmente inteligentes, pueden dar un paso atrás y hacer una reflexión objetiva sobre cómo les afecta la emoción.

- **Cuando caen, vuelven a levantarse:** Un líder nunca se rinde. Prestar atención a la forma en la que lo lideres tratan los errores, le permitirá saber lo que la EQ puede hacer por las personas. Saben que rendirse nunca es una opción, y saben lo que se necesita para seguir avanzando. Son resistentes, decididos y nunca tienen emociones negativas porque saben que solo es una distracción. Nunca dejan que su motivación disminuya, gracias al alto EQ.

- **Ellos crean un lugar seguro:** Los líderes saben que todos deben sentirse lo suficientemente cómodos como para expresar sus opiniones y preocupaciones. Si tienen dificultades para trabajar con otra persona, necesitan sentirse lo suficientemente cómodos como para acercarse a usted, el líder, y plantear esas preocupaciones sin temer el hecho de que van a tener repercusiones para ellos mismos. Como líder, debe establecerse como una figura fiable y alentar una política de puertas abiertas entre las personas que administra, animarlas y hacer que se sientan seguras cada vez que se acercan a usted con un problema propio, sabiendo que usted no va a utilizar esa información contra ellos en el futuro.

¿Cómo usar la inteligencia emocional para liderar eficazmente?

Un líder de una empresa exitosa es aquel que puede administrar de manera efectiva a su equipo y sacar lo mejor de todos los que están bajo su guía. Un líder y gerente exitoso es aquel que puede sacar lo mejor de todas las personas con las que trabaja y que sabe cómo encabezar el camino hacia el éxito.

Use la inteligencia emocional para convertirse en un líder efectivo:

- **Muestre respeto mutuo:** El respeto es uno de los principios más importantes que deben estar presentes en un equipo y una organización. El respeto entre los gerentes y los compañeros de trabajo es el pegamento que mantiene a la empresa exitosa y, sin ella, las cosas se pueden desentrañar muy rápidamente. Use la empatía, la autoconciencia y las habilidades sociales para fomentar el respeto mutuo. Los mejores líderes son aquellos que proporcionan un entorno de trabajo donde los empleados se ayudan entre sí y valoran las contribuciones que hace cada individuo. Los líderes eficaces alientan constantemente a sus compañeros a hacer bien el trabajo todos los días y los ayudan a superar los desafíos que enfrentan en el lugar de trabajo, sin menospreciarlos.

- **Dé la bienvenida a la diversidad:** Si usted desea ser un líder eficaz que resuelva los problemas para siempre, debe adaptar sus soluciones en función de la persona con la que esté tratando. La autoconciencia, la empatía y las habilidades sociales vuelven a jugar aquí un papel importante. Utilice este rasgo de EQ alto para tratar a las personas de su equipo tal como son: personas.

- **Maneje el conflicto eficazmente:** Nadie quiere lidiar con el conflicto, especialmente el conflicto en el lugar de trabajo porque realmente hace bajar la moral y hace a un personal muy infeliz si no se lo trata en consecuencia. Nadie quiere lidiar con el conflicto, pero como líder, tendrá que hacerlo. Un líder con un alto EQ dependerá de la empatía, la auto regulación, la autoconciencia y las habilidades sociales para ayudar a los demás con esto. Un líder eficaz nunca hará la vista gorda ante el conflicto y hará todo lo que esté a su alcance para abordarlo tan pronto como aparezca y lo resuelva de la manera más amistosa posible.

• **Relaciónese con la gente:** Como líder, cuando usted se relaciona con los miembros de su equipo, debe hacer un esfuerzo adicional y establecer una conexión con cada miembro de su equipo. Esto le ayudará a construir una conexión que sea significativa y le demuestra a los miembros de su equipo, que usted realmente se preocupa por ellos y por su bienestar, no solo porque es parte de su trabajo hacerlo. Confíe en las habilidades sociales, la empatía y la autoconciencia para esta categoría.

• **Reconozca a cada persona por lo que es:** Especialmente en un entorno laboral, a veces un líder puede estar tan concentrado en esperar que los empleados sean más como ellos, que se olvidan de apreciar lo que hace que ese empleado sea único. No hay nada que desmotive a un equipo más rápido, que sentir que no son apreciados. Cuando comienzan a sentirse desmotivados, comienzan a perder la pasión y el impulso de esforzarse realmente para actuar. Un líder eficaz utilizará sus habilidades de inteligencia emocional, social y empática para reconocer la contribución de cada empleado y trabajar con ellos para desarrollar sus fortalezas individuales. Reconocen a cada empleado por lo que son, y nunca esperan que sean algo que no son.

• **Hacen de la confianza una prioridad:** Sin confianza, no hay posibilidad de trabajar bien juntos. Para que un líder sea considerado exitoso, debe cultivar un ambiente de confianza en todo momento. Usted está dirigiendo a otros que han depositado su fe en usted, y debe devolver esa fe siendo lo más transparente, honesto y abierto posible. Use las habilidades sociales y la empatía como puntos de guía, aprenda a leer bien las emociones de los demás y no tendrá problemas para que la confianza sea una prioridad.

- **Sea empático siempre:** Un líder exitoso es aquel que puede practicar la empatía y la compasión con sinceridad. Las habilidades de EQ alto le permitirán hacer esto. Las personas son más agudas de lo que usted cree a la hora de detectar la falta de sinceridad, sin importar lo bueno que sea como actor. Parte de ser un líder transparente significa ser honesto no solo verbalmente, sino también con sus sentimientos.

- **Escuche activamente:** Un líder exitoso es aquel que ha aprendido a escuchar con atención, y no solo lo que la persona tiene que decir, sino más allá de eso. Por ejemplo, cuando tenga una conversación individual, escuche las inflexiones de la voz, el tono de la voz de la persona, las palabras que enfatizan y cómo suenan cuando expresan lo que sienten. Aquí es donde la empatía jugará un papel muy importante, porque es una habilidad valiosa del EQ alto que le ayudará a conectarse realmente con la persona con la que está hablando. Sea lo suficientemente enfático con ellos, compasivo, comprensivo y enriquecedor teniendo en cuenta lo que los otros realmente necesitan. No solo escuche lo que están diciendo, sino escuche lo que están tratando de decirle y sintonícese con ellos de una manera que muchos líderes no lo hacen hoy.

¿Cómo la inteligencia emocional puede aumentar sus posibilidades de éxito?

Para mejorar la calidad de su vida, usted necesita tener la inteligencia emocional de su lado. Este es el rasgo clave que marcará una diferencia. Sin atajos. No hay armas secretas. No hay fórmulas mágicas. Solo desarrollando altos niveles de EQ.

Para lograr el éxito en general, esta es la forma en la que el EQ jugará un papel muy importante que lo ayudará a lograrlo. ¿Con qué frecuencia usted ha establecido metas, ha elevado el listón y ha tenido grandes sueños solo para que la vida se interponga en el camino? Sus emociones se agudizan con el estrés, y todo su deseo inicial de triunfar se detiene. Cuando alguien carece de EQ, tiende a volverse más reactivo que proactivo. Son incapaces de adaptarse a las situaciones como vienen. Las experiencias los afectan más de lo que deberían, y se sienten demasiado abrumados por la ola de emociones que se estrellan a su alrededor. Esta es la razón por la cual necesita EQ.

El EQ lo entrena para manejar sus emociones de manera saludable. Le permite reinar en conductas impulsivas, manejar sus expectativas y adaptarse a lo inesperado que sucede. Así es como usted tendrá éxito. La capacidad de comprender sus emociones es la mitad de la batalla de EQ, y si puede lograr esta parte, ya ha ganado. La otra mitad es, por supuesto, aprender a comprender y manejar las emociones de otras personas. Los obstáculos son la razón principal por la que muchos no logran los objetivos que se han marcado, porque los desafíos, los contratiempos, las decepciones y los fracasos a menudo pueden despojarle de la voluntad que necesita para seguir adelante, especialmente si no sabe cómo regular su emociones

Aquí hay otras formas en que la inteligencia emocional puede aumentar sus posibilidades de éxito:

- **Le ayuda a predecir el rendimiento:** La EQ tiene un gran impacto en el éxito porque lo ayuda a concentrarse en los resultados que importan. Cuando usted se concentra en los resultados, su rendimiento recibe un impulso instantáneo y, gracias a la autoconciencia, podrá predecir sus acciones y reacciones ante las situaciones a las que se puede enfrentar.

- **No deja espacio para la negatividad:** Cuando usted tiene un alto EQ, no hay espacio para nada que pueda amenazar su éxito, lo que incluye la negatividad. Piense en la negatividad como si fuera su basura, y si la basura no es algo que pondría voluntariamente en su mente, ¿por qué está permitiendo que los pensamientos negativos se introduzcan ahí?

- **Tenga hambre de éxito:** Para tener éxito, usted debe desearlo, anhelarlo. Usted debe desear tanto el éxito, que este deseo lo motive a hacer todo lo posible para lograrlo. Imagine un escenario similar en el que no ha comido en todo el día y se muere de hambre. Así es como usted necesita abordar el concepto de éxito. Como ya hemos establecido, los individuos con un alto EQ nunca pierden de vista su motivación, y utilizan su autoconciencia y auto regulación para controlar sus emociones cuando se enfrentan a circunstancias difíciles. Esto asegura que el deseo de rendirse nunca sea más fuerte que el deseo de éxito.

- **Le ayuda a ser consciente:** Se trata de estar en sintonía con las emociones. Eso es el núcleo del EQ. Es importante tener en cuenta sus emociones si desea tener éxito. Ser consciente significa simplemente, ser consciente de los pensamientos que surgen en su cabeza y tomar control de esos pensamientos. Al tener en cuenta los pensamientos que dan vueltas en su cabeza, instantáneamente estará más en sintonía con lo que son esos pensamientos y cómo le hacen sentir. Si no son buenos para usted, sáquelos de su mente.

- **Le ayudará a minimizar el estrés:** La vida puede ser muy estresante, especialmente porque parece que no puede encontrar ninguna razón para ser feliz y se siente como si el peso del mundo estuviera sobre sus hombros. Con tanta carga interna para llevar, ¿cómo se enfocaría en lograr el éxito? Esta es la razón por la que un EQ alto marca la diferencia, ya que le ayuda a regular sus emociones y a manejarlas adecuadamente. Minimizar el estrés significa que ahora tendrá la claridad mental necesaria para comenzar a pensar en el próximo paso que debe tomar.

- **Mejora su autoestima:** Algo con lo que muchos de nosotros luchamos. Es imposible tener éxito con una baja autoestima porque simplemente no cree lo suficiente en usted mismo. Posiblemente, uno de los mejores beneficios de mejorar su EQ es cuánto mejorará su autoestima a largo plazo. Cuando usted comienza a buscar constantemente un mejoramiento en su vida, encontrará más cosas sobre las que sentirse feliz, lo que le llevará a niveles más altos de satisfacción, mejorando la forma en que se siente sobre sí mismo y, por lo tanto, mejorando su autoestima. La búsqueda constante de la mejora es un ejemplo de éxito en la vida en general.

- **Hace que sea más fácil detectar oportunidades:** Ser consciente de sí mismo tiene muchos beneficios, y no solo porque le ayuda a controlar mejor sus emociones. Cuando usted está más en sintonía con su entorno, con usted mismo y con las personas que lo rodean, es más fácil darse cuenta de las oportunidades que de otra manera no habría visto. La negatividad y la falta de EQ a menudo nublan nuestro juicio y nuestra percepción, por lo que las personas exitosas se esfuerzan por desarrollar habilidades de inteligencia emocional por sí mismas y en consecuencia, sus ojos se abrirán para comenzar a notar soluciones en lugar de problemas.

- **Lo fortalece:** A medida que usted aprende a manejar mejor sus emociones, empieza a recuperar la confianza en sí mismo una vez más. A medida que su confianza y autoestima mejoran, con cada desafío que supera con éxito con la autoconciencia y la auto regulación, la empatía, la motivación y las habilidades sociales, se encontrará cada vez más capacitado, más fuerte y capaz de absolutamente cualquier cosa que quiera usted, su corazón y su mente. Sentirá que no hay nada que lo detenga, ya que ve materializar cada meta que se pone cuando la supera, y esto le servirá de combustible cuando construya el impulso para transformar su vida. Así es como EQ le ayuda a tener éxito en la vida.

• **Convertirse en una mejor versión de usted mismo:** Cuando usted ha adoptado todos los principios básicos que hacen que un EQ alto sea un rasgo tan deseable, sin siquiera darse cuenta, usted hará el esfuerzo de ser mejor de lo que es ahora. Usted comenzará a enfocarse en tener una pasión y un propósito, y tomará los pasos necesarios para mejorar las cosas que no desea en su vida. Esto es lo que significa ser exitoso, convertirse en la mejor versión de usted mismo.

• **Lo ayuda a mantenerse comprometido hasta el final:** Para usted, renunciar ya no es una opción porque ha aprendido a regular sus respuestas cada vez que surge ese sentimiento. Cuando establece un objetivo con un alto EQ, no solo lo está creando; usted se está comprometiendo a llevarlo a cabo. Este compromiso es exactamente lo que le ayudará a mantenerse productivo porque usted puede regular sus emociones para controlar sus reacciones y su resultado. El éxito no sería posible sin el deseo de comprometerse hasta el final.

Capítulo 10: Todo acerca de la PNL

Ahora estudiaremos la PNL, la cual mencionamos brevemente en el capítulo 4. Como ya saben, la PNL es Programación Neuro-Lingüística y tiene tres componentes. El componente neuro se centra en la neurología, la lingüística se refiere al lenguaje y la programación trata sobre el uso de las funciones del lenguaje neural. PNL, en otras palabras, significa aprender el lenguaje de su mente. ¿Le parece interesante?

Creado en la década de 1970 en California por Richard Bandler y John Grinder, los cursos de PNL ahora se presentan en seminarios y empresas que buscan capacitar a sus gerentes para mejorar sus habilidades de comunicación y una mejor gobernabilidad.

Entendiendo la PNL

Solo para reforzar el concepto de PNL de nuevo, echemos un vistazo a otro escenario. Imagine que usted trata de comunicarse con alguien que no habla su idioma y no puede entenderlo, no importa cuánto trate de explicar las cosas, es como tratar de pedir un plato en un país extranjero donde no habla el idioma. Lo que ordenamos y lo que realmente llega a nuestra mesa son dos cosas diferentes.

Este es el tipo de asociación que la mayoría de nosotros tenemos con nuestra mente inconsciente. Pensamos algo, pero lo que sucede, en realidad, es una historia completamente diferente. En la práctica de la PNL, la mente consciente es la que establece la meta, mientras que la mente inconsciente es la que logra la meta. La mente inconsciente no debe ser vista como un alborotador. Está allí para obtener lo que desea en la vida: sus objetivos, tareas y necesidades. Sin embargo, si no sabe cómo comunicarse con lo que quiere en la vida, el resultado es a menudo lo contrario a lo que desea.

En resumen, la PNL es una herramienta de desarrollo personal creada para ayudar a las personas a tener mejores relaciones con ellos mismos y con las personas que los rodean en la búsqueda de sus objetivos y su felicidad, para finalmente llevar una vida más significativa.

¿Cuáles son los beneficios de la PNL?

Antes de analizar las técnicas y prácticas de la PNL, también es aconsejable explorar los beneficios de la PNL en la vida, el trabajo y las relaciones. Aquí hay un desglose de lo que puede esperar cuando usted hace los cursos de PNL:

En su carrera:

- Al conocer sus objetivos y concentrarse en ellos, eventualmente usted desarrollará una ventaja sobre su competencia en los negocios; esto puede aumentar sus ganancias de manera segura y sistemática.

- Si usted maneja un equipo, aprenderá a administrar su mentalidad interna de manera efectiva para que pueda influir positivamente en las personas con las que trabaja, y eventualmente formará un ambiente de trabajo feliz y propicio para todo su equipo para permitirles alcanzar los objetivos del equipo.

- La PNL también lo ayudará a superar obstáculos que pueden impedirle llevar su carrera o su negocio al siguiente nivel de grandeza.

- Usted también aprenderá a motivarse y motivará también a las personas que lo rodean, especialmente en tiempos de crisis.

- Al utilizar una mejor manera de comunicarse, usted creará una mayor elegancia y precisión y tanto usted como su equipo obtendrán lo que desean y lograrán sus objetivos.

- Usted también aprenderá a pensar mejor, a concentrarse más, a tener mayor claridad y a tomar decisiones constructivas.

En su vida:

- Las prácticas y técnicas de la PNL le permiten conectarse con usted mismo y con sus relaciones de una manera más enriquecedora.

- Usted también estará abierto a más posibilidades de aprendizaje, estará más adaptado a los cambios que suceden en su vida y aprenderá a medida que la vida avanza.

- También aumentará su habilidad para identificar y sobreponerse a sus limitaciones. Además, obtendrá un mayor impulso y motivación para continuar persiguiendo sus objetivos comerciales y su misión en la vida. Una vez que usted haya superado estas limitaciones, tanto su vida como su negocio nunca volverán a ser iguales, ya que cambiará para mejor.

- La PNL también lo entrenará para dominar su mente inconsciente y aprender más rápidamente de lo que permiten los métodos de enseñanza convencionales.

- En la medida que usted continúe practicando la PNL, aprenderá muchas cosas sobre usted mismo que nunca imaginó y también descubrirá habilidades que nunca pensó que tenía, y aumentará el lado creativo de su cerebro.

- En el camino, usted se volverá más adepto a controlar sus emociones. Aprenderá a manejar sus emociones de acuerdo a la situación en la que se encuentre.

- Se convertirá en un comunicador más eficaz y poderoso porque ahora tendrá una ventaja vital.

- Sus relaciones personales mejorarán a medida que mejore su empatía y comprensión de la perspectiva de una persona y de los escenarios.

- Usted también trabajará para aumentar su confianza y autoestima.

PNL y la Inteligencia Emocional

La Programación Neuro-Lingüística es el manual del usuario del cerebro. Si usted se entrena en PNL, mejorará enormemente su inteligencia emocional y le enseñará a conectarse con el lenguaje de su mente, a comprender su mente y comprenderá cómo podría pensar la mente de otra persona. También nos ayuda a conectarnos conscientemente con nuestra mente inconsciente, para que podamos comprender mejor lo que queremos de la vida.

A través de la capacitación de PNL, tendremos una mejor comunicación con nosotros mismos y con los demás. Las herramientas y técnicas en PNL no solo nos capacitan para ser mejores comunicadores, sino que también modifican nuestras actitudes hacia el logro de nuestros objetivos y los resultados que deseamos.

Usar PNL para construir la Inteligencia Emocional

La psicóloga registrada y practicante de la PNL, Miriam Henke, dice que usar la PNL en la inteligencia emocional es la capacidad de reconocer, usar y manejar las emociones de manera constructiva y positiva. También nos permite estar mejor equipados para reconocer el estado emocional de otras personas y comprometernos con ellos de manera efectiva, de manera mutuamente beneficiosa, segura y fiable para todos.

El uso de técnicas y prácticas de PNL nos permite mejorar nuestra inteligencia emocional, facilita el mejoramiento de las relaciones, establece asociaciones auténticas y crea conexiones significativas, especialmente con los grupos de personas con los que nos resulta más difícil conectar, como colegas, jefes y miembros del equipo, clientes y proveedores.

Como sabemos por capítulos anteriores, la inteligencia emocional es una habilidad que se puede aprender y desarrollar. Esto se puede hacer tomando posesión de nuestras emociones y mejorar nuestras relaciones al convertirnos en influencias positivas, no solo para los demás, sino también para nosotros mismos.

Estas son algunas de las formas en que se usa la PNL en la construcción de la Inteligencia Emocional:

- Aumenta nuestra conciencia de sí mismo: a través de esto, la PNL nos enseña a comprender cómo funciona nuestra mente y cómo nuestro estado emocional, estados de ánimo y pensamientos afectan nuestro comportamiento y el resultado de ello.

- Cambia nuestros sentimientos: una técnica utilizada en la PNL llamada anclaje nos permite reconocer un estado de ánimo y un estado emocional más ingenioso y práctico. Esta técnica también nos muestra que nuestro estado fisiológico también afecta nuestro estado de ánimo.

- Uso de Self Talk: nuestro diálogo interno es con nuestra voz interior, que todos tenemos, ya sea un crítico interno o una animadora. Con la PNL, podemos programar esa voz interna para que no interfiera con el hecho de ser un obstáculo o actuar de una manera que vaya en contra de nuestros objetivos, creencias y tareas.

- Creación de estrategias para una mejor autogestión: las personas con un buen EQ generalmente son más conscientes de su escala de presión interna, y también tienen un mejor mecanismo para afrontar las cosas que las que tienen un menor EQ. Con la PNL, la idea es llegar a ser mejores administradores de nosotros mismos en lo que respecta a nuestros estados de ánimo, comportamientos y emociones.

- Crea una buena relación: tener una buena relación es bueno para una mejor colaboración, especialmente en el trabajo. Sin relación, no hay comunicación. Uno de los mayores rasgos que puede cultivar es ser un mejor oyente. Los cursos de PNL enseñan a las personas a escuchar mejor para empatizar en lugar de formular una respuesta.

- Construye empatía: utilizando la técnica de PNL llamada posiciones perceptivas, podemos ver el punto de vista de una persona, lo que nos brinda una mejor y nueva perspectiva. Esto nos ayudará a crear empatía con las personas que nos rodean, especialmente con nuestra familia, amigos y colegas.

Ejercicios Prácticos para mejorar su Inteligencia Emocional

Hablando de prácticas y técnicas, estos son algunos de los ejercicios más prácticos que puede probar por su cuenta para crear EQ utilizando las prácticas de PNL:

#1 Disociación

La disociación es la técnica de identificar una emoción o sentimiento que nos hace sentir nerviosos o temerosos y eliminarla por completo. Es posible que haya estado en una situación en la que repentinamente tiene un mal presentimiento, pero no se trata de instinto. Más bien, la experiencia simplemente lo descompone mentalmente, como dar un discurso frente a las personas o incluso tomar el ascensor solo (algunas personas se sienten incómodas en un espacio pequeño). ¿Tal vez usted se retrae de las conversaciones cuando se siente rodeado de gente? Estos sentimientos pueden parecer una reacción normal, pero aunque a veces se puede sentir de esta manera, puede ser crónico si comienza a interferir en la vida y el trabajo. La técnica de disociación ayuda a superar este sentimiento e implica:

1. Identificar las emociones que usted quiere superar.

2. Imaginarse a sí mismo flotando fuera de su cuerpo para mirarse a sí mismo y observar todo el escenario desde el punto de vista de un observador.

3. Observar cómo se siente.

4. Imaginarse que fluye fuera de su cuerpo nuevamente, así se estará mirando a sí mismo, mirándose a sí mismo. Esta doble toma de la disociación generalmente elimina cualquier emoción negativa de una situación menor.

#2 Reestructuración del contenido

Esta técnica es extremadamente útil cuando nos sentimos impotentes o cuando los pensamientos y emociones negativas nos pesan. Básicamente, volver a encuadrar implica tomar una situación negativa y potenciarse a sí mismo al cambiar el significado con el que usted asocia la experiencia, y luego convertirla en una experiencia positiva.

Empiece con:

1. Identificar el escenario negativo tal como un divorcio. Los divorcios nunca son fáciles, pero replanteemos la situación.

2. ¿Cuáles son los resultados positivos de estar divorciados? Ahora usted podrá buscar otras relaciones. También puede formar una mejor relación con la siguiente persona, ya que ha aprendido valiosas lecciones. Usted tiene la libertad de hacer las cosas que no podía hacer mientras estaba en la relación anterior.

3. Ha tomado un escenario negativo y lo ha reformulado para brindarle una experiencia completamente diferente.

4. Cambiar su enfoque hacia aspectos más positivos le ayuda a tener una mejor claridad; por lo tanto, le permite tomar mejores decisiones.

#3 Anclaje

Como se describió anteriormente, el anclaje es una técnica de PNL muy importante y comúnmente utilizada. El anclaje se describe mejor como una asociación neurológica entre un sonido, escenario o situación y el comportamiento que tenemos cuando nos enfrentamos a esa situación. También se conoce como respuesta condicionada. En la PNL, simplemente se describe como anclarse a estas situaciones.

El anclaje nos ayuda a tener una respuesta emocional positiva deseada cuando enfrentamos cierta sensación. Cuando elegimos una emoción o pensamiento positivo, y lo conectamos deliberadamente con un simple gesto, también activamos el ancla cuando sentimos emociones negativas. Esta técnica está destinada a cambiar nuestras emociones de inmediato. Se trata de:

1. Empezar por identificar cómo nos queremos sentir si se trata de calma, felicidad o incluso confianza.

2. Decidir dónde se debe colocar este sentimiento para anclar nuestro cuerpo. Puede ser un lugar pequeño como nuestro lóbulo de la oreja o incluso juntando los dedos, frotando las palmas o simplemente tocar nuestros nudillos. La acción física nos permite desencadenar nuestras sensaciones positivas a voluntad. No importa dónde esté esta acción física mientras lo haga, es exclusivo de usted y sabe lo que significa.

3. Vuelva a su pasado en un momento en que sintió ese estado de sentimiento y mentalmente flotó en su cuerpo hasta el momento en que se sintió más seguro, feliz o tranquilo. Observe este escenario a través de sus propios ojos y reviva esa memoria. Ajuste lentamente su lenguaje corporal para que coincida con esa memoria. Experimente lo que ve y

escucha, lo que escuchó en este recuerdo, así como el sentimiento que recibió.

4. Esta experiencia es lo mismo que recordar una broma divertida o una historia del pasado y los sentimientos y recuerdos que usted experimentó. Anclar es entrar en esta experiencia y sentir la felicidad que usted sintió.

5. Aférrese todo lo que pueda a ese recuerdo tocando, tirando y apretando la parte de su cuerpo que elija. Libérese del toque cuando el estado emocional alcanza su punto máximo y comienza a desaparecer.

6. Lo que usted está haciendo es crear una respuesta de estímulo neurológica que activará el estado de las emociones cada vez que se toque en el lugar nuevamente. Ya sea confianza, felicidad o calma, volver a tocar este punto desencadenará sus respuestas positivas.

7. Para mejorar la memoria o el disparador de respuesta, piense en otra memoria que haya sentido y vuelva a vivirla siguiendo esta práctica de anclaje nuevamente. Cada vez que agregue su ancla de sentimientos positivos, el desencadenante será más fuerte.

#4 Creando una mejor relación

Esta técnica de PNL es fácil, pero es extremadamente poderosa para ayudar a llevarse bien con casi cualquier persona. Si bien hay muchas formas de establecer una buena relación, esta técnica de PNL es la más efectiva, sin mencionar que es la más rápida. Implica reflejar, muy sutilmente, el lenguaje corporal y el tono de voz de la otra persona. Fácil, pero debe hacerse con extrema sutileza, que casi se puede considerar arte. En general, a las personas les gustan otras personas que son como ellos: de todas formas, las aves de una misma pluma se reúnen. Al reflejar las acciones de la otra persona, el cerebro emite neuronas espejo, que son sensores de placer que dan a las personas la sensación de gustarle a alguien que las refleja.

Esto es lo que usted necesita hacer:

> 1. Párese o siéntese como la otra persona está, de pie o sentada. Incline su cabeza de la misma manera.
>
> 2. Sonría cuando ellos sonríen. Refleje sus expresiones faciales y el lenguaje corporal.
>
> 3. Hágalo de la manera más inconsciente y sutil posible.

No sea demasiado evidente, ya que entonces puede parecer que simplemente usted está copiándolos y esto romperá la relación. Replique a las personas de forma tranquila y natural.

#5 Influencia y Persuasión

Las prácticas de PNL están especialmente dedicadas a ayudar a las personas a manejar conflictos, eliminar emociones negativas, así como a eliminar creencias limitantes. Sin embargo, una pequeña parte de la PNL está dedicada a influir y persuadir a otras personas.

Milton H. Erickson, un psiquiatra y mentor en el campo de la PNL, estudió la mente subconsciente utilizando la hipnoterapia, la línea científica, no del tipo de entretenimiento. Erickson era un adepto a la hipnosis, y también creó una forma de hablar con las mentes subconscientes de las personas sin necesidad de hipnotismo. También podría hipnotizar a las personas en un momento dado. Este método que usó Erickson se conoció como hipnosis conversacional.

La hipnosis conversacional es una herramienta poderosa que puede usarse no solo para persuadir e influir en las personas, sino también para ayudar a las personas a superar los temores, manejar conflictos, detener las creencias limitantes y aumentar la conciencia.

Conclusión

La PNL proporciona un conjunto de técnicas y herramientas variadas que se pueden aplicar a diferentes aspectos de nuestras vidas. Cualquier persona que las aprenda y las use en las interacciones diarias, puede mejorar enormemente la calidad de su vida, así como las relaciones que tenga con las personas con las que nos comunicamos a diario.

La PNL no solo mejora la comunicación, sino que también aumenta nuestro logro de objetivos y los resultados que se producen a partir de las interacciones que llevamos a cabo. También nos permite superar obstáculos, tanto profesionales como personales, así como problemas psicológicos. Estas técnicas nos ayudan a usar herramientas que ya tenemos, pero que nunca nos dimos cuenta de que las teníamos dentro de nosotros.

Cuando aprendemos estas técnicas, estamos a un paso de cambiar positivamente nuestras vidas y las vidas de las personas que nos rodean y también nos acercamos más al logro de nuestras metas.

Conclusión

Gracias por llegar hasta el final del libro. Espero que le haya proporcionado todas las herramientas e información necesaria para alcanzar sus objetivos, sean cuales sean.

Ahora, solo queda una cosa por hacer: usar las herramientas que le hemos dado. Todo lo que acaba de leer es lo que necesita para empezar a trabajar en la mejora de su inteligencia emocional. Usted puede usar las herramientas como mejor le parezca y darse cuenta de que estas herramientas están aquí para ayudarlo.

Cada pieza de información en este libro tiene un propósito. Haga todo lo posible por utilizar todo lo que acaba de aprender y ejercítelo hasta cierto punto en su vida a partir de este momento. Cuanto más practique, mejor será. El cambio en su inteligencia emocional comienza con usted.

Si este viaje es su primer paso, no se preocupe, todos hemos estado allí. El mejor consejo es comenzar poco a poco seleccionando tres metas en las que le gustaría concentrarse para la próxima semana. Elija una o dos acciones simples, o quizás más, dependiendo de lo que sienta que podría comenzar a practicar para mejorar su inteligencia emocional. Aún mejor, póngalo en acción en su vida diaria. Una vez que haya adquirido suficiente confianza a través de varias sesiones de práctica, elija otra herramienta o técnica en la que enfocarse. Siga repitiendo el proceso.

La inteligencia emocional es algo que requiere práctica. Se necesita tiempo para construirla, a veces años. Incluso entonces, usted podría cometer errores en el camino. Lo importante es no dejar que los contratiempos lo desanimen. Solo somos humanos, los errores son parte de la vida. Lo que importa es lo bien que usted se levanta y sigue perseverando. Sea paciente mientras trabaja en la construcción de su inteligencia emocional, hasta el punto de que llegue a estar orgulloso. Este es un viaje a largo plazo, y es posible que usted no lo note en el camino, pero se sorprenderá de lo lejos que ha llegado cuando lo recuerde algún día.

www.ingramcontent.com/pod-product-compliance
Lightning Source LLC
Chambersburg PA
CBHW031158020426
42333CB00013B/724